DATOS INSÓLITOS DE LA EDAD MEDIA

Datos Extraños, Curiosos e Interesantes sobre la Época Medieval

DONALD SANDOVAL

Índice

Introducción

En lo profundo del túnel del tiempo, entre los ecos de batallas libradas, leyendas tejidas y monumentos erguidos, se erige un vasto periodo de la historia humana que ha dejado una profunda huella en nuestra cultura y sociedad: la Edad Media. Es un capítulo fascinante, complejo y a menudo malinterpretado, que nos ha legado un legado de contrastes, donde conviven luces y sombras que nos cautivan y nos desafían a comprender las complejidades del pasado.

En este libro, nos aventuramos en un apasionante recorrido a través de los siglos oscuros y luminosos de la Edad Media, desentrañando sus misterios, destapando sus mitos y explorando los matices que conformaron esta etapa histórica tan rica y diversa. Adentrémonos juntos en los intrincados callejones de castillos fortificados, los monasterios donde el conocimiento florecía y las calles bulliciosas de ciudades medievales que palpitaron con vida.

A menudo, la Edad Media ha sido injustamente etiquetada como una era de oscuridad, ignorancia y retroceso. Sin embargo, descubriremos que detrás de esta simplificación yace un periodo de cambios, desafíos y progreso que allanaron el camino para el florecimiento del Renacimiento y la época moderna.

En nuestro periplo histórico, nos encontraremos con personajes inolvidables, desde valerosos caballeros que se embarcaban en cruzadas por la Tierra Santa, hasta eruditos que preservaron antiguos conocimientos en monasterios remotos. Pero también seremos testigos de conflictos sangrientos, epidemias devastadoras y el choque de imperios y culturas que dieron forma a la Edad Media.

A través de investigaciones rigurosas y narrativas cautivadoras, desvelaremos las instituciones medievales, el arte y la arquitectura que aún perduran en nuestros días, y cómo aquel período dejó su impronta en nuestras tradiciones, valores y forma de ver el mundo.

Así que, querido lector, te invito a emprender este emocionante viaje a través del tiempo, a sumergirnos juntos en los entresijos de la Edad Media y a desenterrar los tesoros ocultos que aún yacen bajo el polvo de los siglos.

La Edad Media

En el año 410, los romanos decidieron abandonar Britania y volver a casa para defender Roma de las hordas bárbaras.

Al final, los romanos perdieron y a partir del año 500 dC comenzó el período que llamamos Edad Media. La Edad Media también se llama Edad Oscura o Edad Media. Esta línea de tiempo histórica duró hasta alrededor de 1500 cuando Colón descubrió América. Esto es mil años. Fue una época de castillos, caballeros, campesinos y reyes poderosos.

Vimos las Cruzadas, el sistema feudal y la revuelta de los barones. Surgieron grandes íconos como Leif Eriksson, Juana de Arco y Marco Polo. Las enfermedades horribles eran muy comunes, y la Peste Negra casi acabó con la población de Europa.

Mientras que los nativos americanos cazaban bisontes y vivían una existencia relativamente feliz y libre de gérmenes.

Los europeos atravesaron mil años de guerra, pestilencia y pobreza.

Esta es la historia de los principales eventos y personas.

El sistema feudal

La Sociedad Europea en la Edad Media se basaba en el sistema feudal. A la cabeza del sistema feudal estaba el rey y gobernaba el país. Las comunidades en el campo estaban gobernadas por el Señor del Señorío. La gente de abajo no poseía nada, y el Señor poseía todo.

Las personas en la base de esta pirámide se llamaban campesinos. A cambio de su servidumbre, el Señor les concedió protección y algunas tierras para cultivar.

Cuando el rey necesitaba soldados, el Señor del Señorío le proporcionaba campesinos. A los campesinos nunca se les pagaba por ningún trabajo que hicieran. Si un campesino conseguía dinero, se lo pagaba a su señor en forma de impuestos. Los campesinos tenían vidas muy cortas y duras.

Si trabajar todo el día no lo mató, entonces él o su familia no podían morir de cualquiera de las muchas enfermedades de la Edad Media.

Desde intoxicación alimentaria y dientes podridos hasta inanición. La vida en el fondo del montón estaba lejos de ser agradable para un campesino.

Contexto histórico del feudalismo

Un antecedente del feudalismo fue el régimen de colonato en el Imperio romano. En este régimen los grandes propietarios de tierras instalaban en ellas a colonos (esclavos libertos o campesinos), que debían trabajarlas para su propio sustento y para pagar rentas a su señor, del que obtenían, a cambio, protección.

. . .

Tras la caída del Imperio romano en el siglo V, Europa occidental se dividió en varias unidades políticas más pequeñas hasta la conformación del breve Imperio carolingio. Este implementó un sistema de recompensas a nobles leales que suponía la entrega de tierras a cambio de servicios (especialmente militares).

Luego de la disgregación del Imperio carolingio en el siglo IX, varias zonas de Europa occidental fueron atacadas por magiares, musulmanes y vikingos. La defensa requería rapidez y recayó en los señores locales que tenían recursos para construir fortificaciones y reunir fuerzas de combate sin esperar la llegada de tropas reales.

Esto incentivó un sistema de fragmentación política que otorgó poder a los señores feudales y dio su forma a la Plena Edad Media. Aun así, a partir de fines del siglo XI algunos reyes, duques y condes iniciaron un proceso de concentración del poder político que los colocó en una posición de mayor autoridad en sus territorios, como el rey Luis VI de Francia, el conde Ramón Berenguer I de Barcelona y el duque Guillermo II de Normandía que llegó al trono de Inglaterra.

. . .

El sistema feudal fue perdiendo protagonismo a partir del siglo XIV, cuando las epidemias, las revueltas campesinas y el creciente impulso de la burguesía urbana disminuyeron el poder de la nobleza y abrieron el camino al surgimiento de monarquías centralizadas.

La sociedad feudal estaba dividida en tres estamentos bien diferenciados:

Nobleza. Los nobles poseían grandes extensiones de tierras, en general, recibidas como retribución a sus esfuerzos militares u otros servicios (aunque en la práctica también podían ser heredadas).

Se organizaban en linajes y mantenían vínculos de vasallaje con otros señores feudales o con el rey. Según sus títulos nobiliarios y su ubicación en la estructura social, podían pertenecer a la alta nobleza (duques, condes y marqueses) o a la baja nobleza (vizcondes, barones, caballeros, hidalgos, entre otros).

Clero. El personal eclesiástico, cuya autoridad máxima era el Papa con sede en Roma, se ocupaba de los asuntos religiosos, que dominaban el comportamiento humano de la época. Los eclesiásticos podían pertenecer al clero secular que residía en iglesias y catedrales, o al clero regular que seguía la regla de una orden religiosa y residía en conventos o monasterios. Pero además solían poseer privilegios de señores feudales.

Trabajadores. En la concepción de la época, este estamento lo integraban los siervos, pero algunos historiadores incluyen en él a distintos tipos de trabajadores que más tarde conformarán el llamado "estado llano". Los siervos eran el estrato más bajo de la sociedad feudal, encargado de cultivar las tierras y hacerlas producir. No eran esclavos pero estaban atados de por vida a la tierra de su señor, a quien debían pagar una renta en especie y, a veces, otras prestaciones. Su condición era hereditaria. Los campesinos libres cultivaban sus propias tierras pero también debían pagar tributos u otras obligaciones al señor que tenía jurisdicción sobre un territorio (generalmente llamado "señorío").

Los artesanos y mercaderes habitaban en las ciudades y, si bien se relacionaban con los otros sectores sociales, se mantenían al margen del régimen feudal.

La Iglesia y los nobles justificaban este orden argumentando que cada estamento tenía una función determinada por Dios: orar (clero), luchar (nobleza) y trabajar (siervos y campesinos).

· · ·

La máxima autoridad en un reino era el rey o emperador, pero en la práctica este también dependía de las relaciones de vasallaje con otros nobles. Los señores feudales solían tener más poder fáctico que el rey dentro de los límites de sus propias tierras.

Vasallaje

Los señores otorgaban a los vasallos una porción de sus tierras a cambio de fidelidad.

Una de las instituciones más importantes del feudalismo fue el vasallaje. Este consistía en un contrato de obligaciones mutuas entre dos hombres libres: el "señor" y el "vasallo".

El vasallaje era un compromiso de fidelidad y servicio por parte del vasallo (principalmente en materia militar, aunque también podía ser un pago) y obligaciones de protección o manutención por parte del señor.

De esta manera, el señor otorgaba a sus vasallos "feudos", es decir, tierras (con los siervos que las ocupaban) sobre las que los vasallos pasaban a tener derechos de usufructo. Por su parte, los vasallos quedaban comprometidos a asistir a su señor cada vez que este los convocara. Los caballeros también eran vasallos de un señor (noble o rey), pero no siempre recibían un feudo a cambio de su servicio.

El vasallaje atravesaba a buena parte de la sociedad feudal. Un rey podía ser señor de un vasallo noble a quien le entregaba un feudo, y este a su vez ser señor de otros vasallos con similares compromisos. El contrato de vasallaje entre nobles se formalizaba con una ceremonia de juramento que incluía el "homenaje" y la "investidura". Un vasallo que no cumplía con su juramento incurría en felonía y podría perder el feudo. Un señor que faltaba a sus deberes podía fomentar la ruptura del juramento por parte del vasallo y la exigencia de una reparación.

En esta clase de sociedad, un señor feudal con numerosos vasallos podía adquirir a veces más poder que el propio rey.

La pirámide

. . .

En el sistema feudal, todas las tierras pertenecían al rey. Entregó tierras a los señores, quienes a su vez dejaron que los campesinos trabajaran en ellas para cultivar y criar animales.

El centro de la vida en la Edad Media era el Señorío. El Señor dirigió esto. Un señor vivía en un castillo, y si la mansión era atacada, la gente usaría el castillo por protección.

El Rey

El Rey dividió su tierra y usó a los barones para controlarla.

Los barones prestaron juramento de lealtad al rey y prometieron proporcionarle soldados si los necesitaba. Los barones recaudaban impuestos y se los pagaban al Rey. El primer heredero varón del Rey heredaría el poder cuando muriera su padre.

Los barones

. . .

Los barones gobernaban la tierra y eran todos increíblemente ricos y poderosos. Proporcionaron al rey impuestos y soldados.

Los señores

Los señores recibieron tierras de los barones. Eran los Lond quienes dirigían las comunidades y controlaban a los campesinos. Los Señores también eran caballeros y cabalgaban a la batalla vestidos con armadura.

Todo en la comunidad era propiedad del Señor de la mansión. Esto incluía a la gente, los animales y los cultivos.

Los campesinos

La mayoría de los habitantes de Europa en la Edad Media eran campesinos. Aunque algunos campesinos eran panaderos, herreros o carpinteros y eran considerados libres. La mayoría no eran más que esclavos del señor del feudo. No comían muy bien y trabajaban seis días a la semana gratis.

. . .

Los caballeros

Los caballeros eran jinetes guerreros con un estricto código de conducta.

Durante los tiempos del feudalismo surgió la figura del caballero, que se convirtió en motivo literario ya en los cantares de gesta medievales y en las novelas de caballería del siglo XVI (parodiadas en la célebre novela de Miguel de Cervantes El ingenioso hidalgo Don Quijote de la Mancha).

Los caballeros eran jinetes guerreros profesionales que estaban al servicio de un rey o señor feudal. Algunos recibían un feudo en vasallaje. En general, antes de ser armados caballeros debían cumplir una serie de etapas, comenzando como pajes y escuderos, y debían poder adquirir su propio equipamiento militar (como la espada y la armadura).

La caballería fue un importante componente militar que ofrecía movilidad y fuerza de ataque, pero también se convirtió en un ideal de honor y devoción religiosa. El caballero debía seguir un estricto código de conducta. Su participación en las Cruzadas fue especialmente importante, y algunas órdenes religioso-militares católicas, como los caballeros templarios y los caballeros teutones, nacieron al calor de estas campañas bélicas.

La Iglesia católica

Según la Iglesia, el orden estamental del feudalismo emanaba de Dios.

Uno de los hechos más importantes del siglo XI fue el cisma que separó a la Iglesia católica occidental de la Iglesia ortodoxa oriental (1054). Pero en esos años, la Iglesia católica experimentó además un movimiento de reformas provocado por las críticas a la corrupción y a prácticas como la venta de oficios eclesiásticos y la investidura religiosa realizada por laicos (de acuerdo con los principios del vasallaje pero en contra de la doctrina de la Iglesia).

Algunos de estos movimientos reformistas provenían de monasterios como el de Cluny en Francia, pero la disputa por el nombramiento de clérigos (e incluso del Papa) enfrentó a la Iglesia con el Sacro Imperio Romano Germánico en la llamada "querella de las investiduras" (entre 1075 y 1122). Finalmente, se llegó al acuerdo de que los laicos no podían investir clérigos ni escoger al Sumo Pontífice, y que este debía ser elegido por un colegio de cardenales. Esto aseguró la supremacía papal en materia religiosa.

En la sociedad feudal, los eclesiásticos (sobre todo, obispos y abades) podían disfrutar de los privilegios que les ofrecía su posición en el orden feudal: poseían tierras y explotaban siervos. Pero además aportaban una justificación ideológica al sistema.

Según la Iglesia católica, los reyes gobernaban por la gracia de Dios, y el rígido orden social imperante, que provocaba toda clase de padecimientos a quienes no pertenecían a los estamentos privilegiados, emanaba de Dios y no debía ser cuestionado.

Una de las iniciativas más importantes de la Iglesia católica en los años del feudalismo fue su auspicio de las Cruzadas.

La primera de estas expediciones militares a Tierra Santa nació de un llamado que hizo el papa Urbano II a toda la Cristiandad (que incluía a los reinos y nobles del cristianismo occidental en acuerdo con el Imperio bizantino) con el fin de expulsar al Imperio turco selyúcida de los "Santos lugares".

Solo la primera de estas Cruzadas fue exitosa para la Cristiandad, pero tuvo importantes consecuencias, como la creación de órdenes religioso-militares, el afianzamiento del fervor religioso y la apertura de rutas comerciales a través del Mediterráneo. Las derrotas en las siguientes Cruzadas tuvieron efectos adversos para la Iglesia y otros sectores privilegiados.

Economía rural

La generación de riqueza durante los años del feudalismo provenía básicamente de la agricultura y la ganadería, a cargo de los siervos y de los campesinos libres.

Era una economía rural que experimentó un crecimiento entre los siglos XI y XIII debido a la expansión de tierras cultivables producto de las roturaciones y la rotación trienal, sobre todo en Francia, Inglaterra, Alemania y Países Bajos.

. . .

También fue importante la incorporación de mejoras en el arado y el uso de molinos.

Rentas y tributos

Los pagos en «especie» consistían en productos agrícolas y animales.

La economía feudal dependía de rentas y tributos. Los siervos debían pagar "en especie" (grano, animales de cría u otros productos agropecuarios) el derecho a vivir en las tierras del señor. En algunos casos también debían cumplir prestaciones como fuerza de trabajo (por ejemplo, en la reserva señorial).

Los campesinos libres también debían pagar rentas o tributos, generalmente en especie. El "señorío de ban" otorgaba a algunos señores un poder jurisdiccional sobre un territorio en el que podían impartir justicia y cobrar tasas por el uso de puentes, hornos, molinos u otras instalaciones a su cargo. Otra especie de tributo era el diezmo, originariamente una contribución del 10 % de lo producido destinado a la manutención del clero.

· · ·

Ciudades y comercio

En los primeros años de la sociedad feudal, el comercio era muy limitado y el urbanismo característico del Imperio romano había sido reemplazado por una ruralización casi absoluta de la economía (con excepción de algunas ciudades italianas). Sin embargo, las ciudades y el comercio vivieron un resurgimiento a partir de finales del siglo XI.

Las innovaciones agrícolas permitieron generar mayores excedentes productivos, que eran orientados a la compra de productos artesanales, como telas o nuevas herramientas.

Estas, a la vez, mejoraban la producción y ampliaban los excedentes agrícolas, lo que permitía expandir el ciclo.

Estas transacciones se realizaban habitualmente en "burgos" o ciudades que habitaban artesanos y mercaderes (conocidos como "burgueses"). Estaban ubicadas junto a castillos o en el cruce de caminos y solían estar amuralladas. Estas ciudades albergaban mercados que solían recibir la protección de señores. El impulso comercial promovió también la celebración de ferias estacionales que implicaban intercambios a mayor escala. En estos espacios empezó a circular cada vez más la moneda y, con el tiempo, algunos mercaderes y artesanos comenzaron a ofrecer préstamos y se convirtieron en los primeros banqueros y financistas.

Los habitantes de las ciudades se organizaban en talleres y gremios por oficio y gozaban de una creciente autonomía respecto a los señores feudales. Obtenían franquicias y otras libertades garantizadas por el rey, y en algunas ciudades lograron la conformación de un gobierno autónomo con sus propias ordenanzas municipales. Los sectores más enriquecidos conformaban un patriciado urbano. Aun así debieron hacer frente a conflictos con algunos señores feudales, lo que explica en parte el uso de murallas defensivas y la posterior conformación de ligas o confederaciones de ciudades.

Muchas ciudades tuvieron protagonismo en las rutas comerciales de largo alcance. Las ciudades más importantes fueron las que se desplegaron en el norte de Italia, cuyos comerciantes competían por el control del comercio mediterráneo. También las rutas de peregrinación y las Cruzadas se convirtieron en importantes circuitos comerciales.

Sistema militar

. . .

El orden feudal surgió tras la disgregación del Imperio carolingio y los ataques de vikingos, magiares y musulmanes.

Los señores que ofrecían protección militar gracias a los servicios de vasallos y a la construcción de castillos concentraron poder. Este sistema militar también fue importante durante las frecuentes guerras entre reinos o señores, que tomaron la forma de incursiones y asedios más que de batallas campales.

Este tipo de guerra hacía importantes las máquinas de asedio y la movilidad de la caballería. Los caballeros también fueron importantes en las Cruzadas que enfrentaron a combatientes cristianos con ejércitos musulmanes por el dominio de Tierra Santa.

La guerra en los años del feudalismo era un modo de zanjar disputas dinásticas o territoriales, y permitía que quien venciera obtuviera ventajas económicas al ocupar las tierras del vencido: aumentaba su cantidad de siervos (que estaban atados a la tierra) y su posibilidad de producir alimento y sumar nuevos vasallos.

. . .

Sin embargo, la guerra también podía ser motivo de descontento entre los campesinos que veían sus tierras frecuentemente saqueadas o debían pagar mayores tributos para financiar las iniciativas bélicas de los nobles o reyes.

Algunas de las revueltas campesinas del siglo XIV pudieron deberse en parte a este hecho.

El fin del feudalismo

La declinación del feudalismo en Europa occidental durante el siglo XIV se debió a varias razones. Las guerras, las epidemias y las migraciones a las ciudades disminuyeron la población en el campo. La escasez de mano de obra estimuló el fin de la servidumbre. Los nobles, que debieron hacer frente a importantes revueltas campesinas, fueron perdiendo poder político.

En las guerras (especialmente en el contexto de la Guerra de los Cien Años), los reyes comenzaron a depender más de mercenarios que de sus vasallos, mientras que estos pagaban sus obligaciones con moneda. Muchos señores dejaron de vivir en sus señoríos y daban sus tierras en arriendo a campesinos.

. . .

Las burguesías urbanas acumulaban dinero y se convertían en prestamistas de reyes y príncipes. Esto consolidó las grandes casas comerciales que se ponían al servicio de monarquías crecientemente centralizadas, en una economía cada vez más monetizada.

Finalmente, aunque algunos aspectos de la sociedad feudal perduraron durante siglos, el poder señorial declinó irremediablemente.

Trivialidades

La mayoría de los campesinos morían antes de los treinta. A los quince años eras de mediana edad.

Se creía que el Rey gobernaba por 'derecho divino'. Obtuvo su poder directamente de Dios. El señor de la mansión también era juez y jurado y podía castigar a las personas por los delitos.

Los castillos

. . .

Los nobles ricos y los reyes construyeron castillos para protegerse en la Edad Media.

El período de mil años tuvo momentos en que hubo paz, pero por lo general, Europa no era un lugar muy seguro para vivir.

La alta burguesía europea dividió la antigua Roma y hubo fuego entre ellos, y hubo muchos conflictos sobre quién posee qué.

El castillo era el centro de todo. Los castillos eran construidos para resistir ataques de ejércitos hostiles.

Estas grandes fortalezas fueron construidas con madera en el comienzo de la Edad Media. Como las técnicas de construcción se hicieron más avanzadas, se construyeron castillos más nuevos utilizando piedra.

Los constructores de la Edad Media utilizaron los contornos naturales de la tierra para ayudar a que sean difíciles de atacar. Tal vez una colina o un río se utilizó para hacer difícil para un ejército pasar por encima de los muros.

. . .

Fue entonces cuando se construyeron la mayoría de los castillos. como armas y se desarrollaron los cánones, el castillo como forma de defensa perdió su popularidad.

Diseño del castillo

No había un diseño definitivo para todos los castillos, y variaron significativamente en toda Europa. Había, sin embargo, ciertas características que eran constantes.

Foso: Era un foso que rodeaba las murallas y estaba lleno de agua viscosa. Había un puente sobre el foso llamado puente levadizo que podría levantarse si un enemigo atacaba.

La Fortaleza: Esta era una torre y estaba dentro del castillo.

Podía defenderse fácilmente contra ataques y, a menudo, tenía un túnel de escape secreto.

. . .

El Muro: El muro alrededor del castillo tenía una pasarela para que los defensores dispararan flechas y vertieran aceite hirviendo sobre los atacantes.

Rendijas para flechas: había rendijas cortadas en la pared de un castillo para permitir a los defensores disparar flechas con relativa seguridad.

La puerta de entrada: la puerta, que estaba hecha de madera gruesa, era el punto más débil de defensa.

Una puerta de entrada era construida en este punto para albergar soldados.

Almenas: Estas estaban en la parte superior de la pared y tenían aberturas cuadradas para disparar flechas.

A pesar de que un castillo era un lugar muy seguro para vivir, no era muy cómodo. Estos edificios eran fríos, húmedos y lúgubres. Los pisos estaban hechos de piedra y cubiertos con pieles de animales. El saneamiento era inexistente, y por eso el foso se ponía muy maloliente en verano.

· · ·

Dos de los castillos más famosos de la época son el Castillo de Windsor y la Torre de Londres. Guillermo el Conquistador construyó el Castillo de Windsor. Todavía se usa hoy en día por la realeza inglesa. La Torre de Londres fue construida en 1066. Es uno de los mayores destinos turísticos en las naciones en el Reino Unido.

Trivialidades

Las torres originales se construyeron con tapas cuadradas. Se encontró que eran menos eficientes para la defensa que una torre redonda. Esto le dio mayor visibilidad a los defensores.

Muchos castillos se construyeron sobre una fuente natural de agua potable.

Los gatos estaban muy extendidos en los castillos. Eran usados para matar las ratas y los ratones. Una táctica utilizada por los ejércitos invasores era asediar un castillo y no atacarlo. Esto significaba que rodearían la estructura y esperarían hasta que se acabara la comida y el agua. ¡Esto a veces puede llevar años!

• • •

Caballeros medievales

La guerra jugó un papel importante en la vida en la Edad Media, y se necesitaban soldados para luchar en las batallas del rey. Los ejércitos se dividieron en infantería, arqueros y caballeros.

Los Caballeros eran los mejor protegidos. Llevaban armaduras pesadas y montaban grandes caballos. Costaba mucho dinero ser un caballero, y solo los más ricos del país podían permitírselo.

Muchas guerras en la Edad Media fueron religiosas.

Muchos caballeros pensaron que tenían la misión divina de defender la fe cristiana. Se formaron en clubes que se llamaron "órdenes" y lucharon en lo que se conoció como las Cruzadas. Las principales órdenes militares fueron Los Caballeros Templarios, Los Caballeros Hospitalarios y Los Caballeros Teutónicos.

Caballeros de los templarios

.   .   .

Se formaron en el 1100 y vestían un top blanco con una cruz roja. Lucharon en las Cruzadas y vivieron en Jerusalén.

Los Caballeros Hospitalarios se formaron en 1023. Estos caballeros se comprometieron a ayudar a los peregrinos en su paso por Tierra Santa Vestían de negro con una cruz blanca.

Los Caballeros Teutónicos

Estos eran alemanes y estuvieron involucrados en las Cruzadas.

Intentaron conquistar Prusia pero fueron derrotados por un ejército de Polonia en 1410 en la batalla de Tannenberg.

A finales de la Edad Media, el caballero como unidad de combate se hizo cada vez menos importante. Esto se debió al surgimiento del soldado profesional al que se le pagaba y se le entrenaba para luchar en la batalla. Debido a la introducción de nuevas armas como la ballesta, la pesada armadura que llevaba el caballero se volvió inútil.

Trivialidades

Cuando este período llegó a su fin, se hizo costumbre que un caballero le diera dinero al rey en lugar de pelear. Luego, el rey usaría el dinero para comprar soldados profesionales.

Aunque algunos soldados se convirtieron en Caballeros en el campo de batalla, otros pasaron por una 'ceremonia de doblaje'. Esto es cuando se arrodillaban frente al Rey u otro Caballero fueron tocados en el hombro por una espada.

2

Los Vikingos y La Batalla de Hastings

Los vikingos

Los vikingos no se limitaron a un solo país. Vivían en el norte de Europa en países que hoy se llaman Dinamarca, Noruega y Suecia. La era vikinga fue del 800 al 1066.

Los vikingos eran grandes navegantes y exploradores, y sus lanchas sembraron el miedo en pueblos de toda Europa y Gran Bretaña. Las primeras incursiones en Inglaterra comenzaron alrededor de 787, pero muy pronto comenzaron a migrar y asentarse. A lo largo del siglo IX y el siglo X, se apoderaron de partes de Gran Bretaña, Rusia y Europa. Establecen un asentamiento en Francia, al que llamaron Normandía. Esto traducido literalmente significa hombres del norte u hombres del norte.

La expansión vikinga alcanzó su apogeo a principios del siglo XI. Fue durante este tiempo que descubrieron América. Leif Eriksson fundó una colonia en Canadá muchos siglos antes de la llegada de otros europeos.

El final simbólico de la supremacía vikinga llegó con la derrota de Harald Hardrada por parte de los ingleses en la batalla de Stamford Bridge. Después de esto, la expansión vikinga prácticamente se detuvo. Un factor importante en esto fue que muchos vikingos se habían convertido al cristianismo.

Trivialidades

Los cascos con cuernos de los vikingos probablemente no se usaron en las batallas.

Dublín (Irlanda) fue fundada por los vikingos, el parlamento más antiguo del mundo fue fundado por los vikingos en Islandia.

. . .

La llegada de los normandos a Gran Bretaña Normandía fue un asentamiento vikingo en el norte de Francia. Originalmente fueron llamados escandinavos porque venían de Noruega. Esto con el tiempo se cambió a Normando.

Eduardo el Confesor (rey inglés), murió en 1066. Su sucesor fue el rey Haroldo, pero otros dos hombres reclamaron el trono.

Harald Hardrada era el rey de los vikingos en Noruega. Pensó que Inglaterra era propiedad legítima de Noruega y que él debería ser rey. Invadió Inglaterra en 1066.

Guillermo de Normandía pensó que el trono de Inglaterra le pertenecía porque estaba relacionado con Eduardo el Confesor. También invadió Inglaterra en 1066.

La batalla de Stamford Bridge El 25 de septiembre de 1066, en Stamford Bridge, el rey Harold venció a Hardrada y su ejército vikingo. Más de 10.000 soldados murieron, incluido Hardrada.

· · ·

La derrota vikinga en Stamford Bridge marcó el final de la era vikinga.

La batalla de Hastings

La batalla de Hastings se libró el 14 de octubre de 1066.

El ejército franco-normando del duque Guillermo II de Normandía se enfrentó al ejército anglosajón del rey Haroldo II. Fue el comienzo de la conquista normanda de Inglaterra. Tuvo lugar a unos once kilómetros al noroeste de Hastings, cerca de la actual localidad de Battle en el condado de Sussex Oriental, y su resultado fue una victoria decisiva de los normandos.

El origen del enfrentamiento fue que, a la muerte sin hijos del rey de Inglaterra Eduardo el Confesor en enero de 1066, dio inicio una pugna entre varios pretendientes al trono.

Haroldo fue coronado al día siguiente del óbito de Eduardo, pero en los siguientes meses tuvo que afrontar las invasiones de la isla por parte de

Guillermo, de su propio hermano Tostig y del rey de Noruega Harald Hardrada. Estos dos últimos se aliaron y desembarcaron en el norte de Inglaterra al frente de una hueste vikinga, con la cual vencieron a un ejército inglés, reclutado apresuradamente, en la batalla de Fulford el 20 de septiembre de 1066, aunque ambos resultaron derrotados cinco días después por el rey Haroldo en la batalla de Stamford Bridge. Las muertes en combate de Hardrada y Tostig dejaron al rey inglés y al duque Guillermo como únicos contendientes por la corona. Mientras los soldados de Haroldo se recuperaban de la batalla, el duque de Normandía desembarcó el 28 de septiembre de 1066 en Pevensey, al sur de Inglaterra, y estableció una cabeza de playa desde la que lanzar su conquista del reino. Haroldo se vio forzado a marchar veloz hacia el sur y tuvo que reclutar tropas por el camino.

Se desconoce el número exacto de tropas implicadas en la batalla, aunque estimaciones modernas indican que fueron unos 10,000 hombres de Guillermo y unos 7000 de Haroldo. La composición de los ejércitos sí está clara: el inglés lo formaba casi en su totalidad infantería y unos pocos arqueros, mientras que la mitad de la fuerza invasora era infantería y el resto se repartía en igualdad entre caballería y arqueros. Parece que Haroldo trató de sorprender a Guillermo pero los exploradores informaron de su llegada al duque, que marchó desde Hastings para enfrentarse al rey.

La batalla duró desde las 9 de la mañana hasta la puesta de sol. Los primeros intentos de los invasores por romper las líneas inglesas apenas tuvieron efecto, por lo que, posteriormente, los normandos adoptaron la táctica de simular su retirada para luego darse la vuelta contra los defensores. La muerte de Haroldo, que debió producirse hacia el final del día, provocó la retirada y derrota de la mayor parte de su ejército. Es difícil conocer las bajas exactas de la batalla, pero algunos historiadores aventuran que fueron unas dos mil entre los invasores y el doble entre los ingleses.

Después de una larga marcha y de algunas escaramuzas en el sur de Inglaterra, Guillermo logró la sumisión del reino y fue coronado rey el día de Navidad de 1066.

En los años siguientes hubo varias rebeliones y resistencia al gobierno del nuevo rey, pero el resultado del enfrentamiento en Hastings marcó la culminación de la conquista de Inglaterra por los normandos. Guillermo fundó una abadía en el lugar de la batalla, cuyo altar mayor de la iglesia marca, supuestamente, el lugar en el que cayó muerto Haroldo. Inglaterra y el ducado de Normandía estuvieron unidas políticamente durante gran parte de la Edad Media; de hecho, las disputas en torno al gobierno de este último territorio, que en 1204 fue anexionado por el reino de Francia, serían las causantes de la guerra de los Cien Años (1337-1453) entre las coronas de Francia e Inglaterra.

El ejército inglés estaba organizado en divisiones regionales y formado por el fyrd, una fuerza de milicianos reclutados en levas bajo mando de líderes locales como condes, obispos o sheriffs. Los fyrd estaban compuestos por hombres que poseían sus propias tierras e iban armados con un equipo militar que era costeado por su comunidad para cumplir los requisitos de las fuerzas militares del rey. Por cada cinco hides, unidades de terreno nominalmente capaces de proveer sustento a un hogar, se suponía que debía ofrecerse un soldado.

Parece que el hundred, un tipo de división administrativa inglesa, era la principal unidad de organización del fyrd. En su conjunto, el reino de Inglaterra podía proporcionar alrededor de 14,000 combatientes cuando fuera necesario.

Había dos tipos de militares en el fyrd. Sus líderes naturales eran los thegn, la élite de los terratenientes locales, y los clérigos; el resto eran levas del pueblo llano. Normalmente el fyrd permanecía dos meses movilizado, excepto en emergencias.

No era habitual que se requiriera todo un fyrd nacional; de hecho en los años previos sólo se habían convocado en 1051, 1052 y 1065 con la finalidad de evitar una rebelión y el estallido de una guerra civil a través de negar tropas a los rebeldes. Sin embargo, el fyrd nacional no había estado involucrado en una guerra auténtica desde 1016 y sus miembros normalmente se dedicaban a la reparación de fortalezas y otras infraestructuras, así como a servir de guarnición en ciudades.

El rey también contaba con una guardia personal profesional, los huscarles, que formaban la espina dorsal de las fuerzas reales y también componían las fuerzas de algunos condes. Los thegn también podían combatir como parte de los huscarles o alistados en las fuerzas de algún conde o aristócrata. Tanto los fyrd como los huscarles combatían a pie. El ejército inglés que luchó en Hastings parece que tuvo un número muy escaso de arqueros.

. . .

Haroldo permaneció durante la primera mitad de 1066 en la costa sur de Inglaterra con un gran ejército, el fyrd, y una poderosa flota esperando la invasión de Guillermo.

El 8 de septiembre se vio obligado a desmovilizar las milicias porque ya llevaban cuatro meses de servicio y habían consumido todos sus suministros, mientras que la flota real navegó de regreso a Londres. Cuando tuvo noticia de la invasión noruega corrió hacia el norte, reclutó soldados por el camino y tomó por sorpresa al ejército vikingo de Hardrada y de su hermano Tostig, a los que derrotó y dio muerte en la batalla de Stamford Bridge el 25 de septiembre. Los noruegos sufrieron pérdidas tan grandes que únicamente necesitaron 24 de sus 300 barcos para trasladar a los supervivientes. Sin embargo, fue una victoria pírrica de los ingleses, pues el ejército de Haroldo quedó diezmado y debilitado.

El sábado 14 de octubre de 1066 amaneció a las 6:48 y las crónicas reflejan que fue un día inusualmente luminoso, aunque se desconocen las condiciones meteorológicas. La puesta de sol ese día fue a las 16:54, el campo de batalla debía estar casi oscuro hacia las 17:54 y en total oscuridad a las 18:24. La salida de la luna esa noche no tuvo lugar hasta las 11:12, por lo que una vez que el sol desapareció por el horizonte apenas hubo luz natural en el campo de batalla.

. . .

La batalla se desarrolló a once kilómetros al norte de Hastings, en la actual localidad de Battle, entre dos colinas, Caldbec al norte y Telham al sur. Era una zona de bosque espeso, con una marisma cercana.

La ruta que el ejército inglés siguió hasta el campo de batalla no se sabe con precisión, pues hay varias posibles: una vieja calzada romana que comunicaba Rochester con Hastings, que se ha pensado que fue la más probable debido al hallazgo en 1876 de varias monedas en las cercanías; otra calzada romana entre Londres y Lewes o diversos caminos rurales que también llevan hasta el lugar. El cronista anglonormando Guillermo de Jumièges dejó escrito que el duque Guillermo mantuvo a su ejército armado y preparado ante un posible ataque sorpresa durante toda la noche anterior, pero otros relatos señalan que los normandos avanzaron desde Hastings hasta el campo de batalla ese mismo día. La mayoría de los historiadores se inclinan por esta segunda posibilidad, pero Michael Kenneth Lawson argumenta que el relato de Jumièges es correcto.

Al parecer, el rey Haroldo murió en combate hacia el final de la batalla, aunque los relatos de las fuentes son contradictorios. Guillermo de Poitiers únicamente menciona su muerte, sin ofrecer datos sobre cómo ocurrió. El tapiz de Bayeux muestra a una figura sujetando una flecha clavada cerca de su ojo y al lado otro personaje golpeado por una espada. Sobre ambos personajes la frase en latín «Aquí murió el rey Haroldo», pero no queda claro cuál de los dos es Haroldo, o si ambos lo representan.

La primera mención sobre la muerte del rey en Hastings por una flecha clavada en el ojo data de la década de 1080 en una historia de los normandos escrita por el monje italiano Amatus de Montecassino. Otro cronista, Guillermo de Malmesbury, afirmó que Haroldo murió por una flecha que le llegó al cerebro y que, al mismo tiempo, un guerrero lo hirió. El poeta Wace repite el relato de la flecha en el ojo, mientras que el cantar Carmen cuenta que fue el duque Guillermo en persona quien le dio muerte, pero esto es altamente improbable porque, según el historiador Christopher Gravett, una hazaña así habría sido loada por todos los cronistas y trovadores de Francia.

De acuerdo con Peter Marren, la versión que ofrece Guillermo de Jumièges es todavía menos creíble, pues afirma que el rey cayó durante los primeros combates por la mañana. La Crónica de la Abadía de Battle sostiene que Haroldo murió por un golpe fortuito de algún combatiente desconocido. Un biógrafo moderno del rey, Ian Walker, defiende que probablemente murió por una flecha en el ojo, aunque también dice que es posible que Haroldo fuera derribado por un caballero normando cuando ya estaba mortalmente herido en la cabeza. El historiador Peter Rex concluye que con base en las fuentes disponibles no es posible declarar cómo murió.

Su muerte dejó a las tropas inglesas sin liderazgo y entonces comenzaron a derrumbarse. Muchos soldados huyeron, pero la guardia real de huscarles rodeó el cuerpo de su señor caído y luchó hasta el final. Los normandos persiguieron a los que huían y, excepto por una acción en la retaguardia en un lugar conocido como Malfosse, la batalla había acabado. No está claro qué sucedió en esa Malfosse, o «Fosa del Mal», y dónde estaba exactamente. Ocurrió en un punto fortificado o conjunto de trincheras donde algunos ingleses rodearon e hirieron de gravedad a Eustaquio de Boulogne antes de caer derrotados por los normandos.

3

Las Cruzadas

Las Cruzadas fueron una serie de campañas militares organizadas por los papas y las potencias cristianas occidentales para retomar Jerusalén y la Tierra Santa del control musulmán y después defender esas conquistas. Hubo ocho grandes cruzadas oficiales entre 1095 y 1270 y muchas más no oficiales.

Aunque hubo muchas cruzadas, ninguna sería tan exitosa como la primera, y para el año 1291 los Estados Cruzados creados en el Medio Oriente fueron absorbidos en el Sultanato mameluco. La idea de las cruzadas fue aplicada más exitosamente (para los cristianos) en otras regiones, notablemente en el Báltico contra los paganos europeos y en la península ibérica contra los moros musulmanes.

. . .

Involucrando emperadores, reyes y la nobleza europea, así como a miles de caballeros y guerreros más humildes, las guerras tendrían consecuencias tremendas para todos los involucrados. Los efectos, aparte de las obvias muertes, vidas arruinadas, recursos destruidos y gastados, variaron desde el colapso del Imperio bizantino a un agriamiento de las relaciones e intolerancia entre las religiones y personas en el Este y Oeste que aún afecta a gobiernos y sociedades hoy en día.

Las causas de las Cruzadas

La Primera Cruzada (1095-1102) estableció un precedente para la confusa mezcla de política, religión y violencia que condujeron todas las campañas futuras. El emperador bizantino Alejo I Comneno (r. 1081 - 1118) vio una oportunidad en obtener ayuda militar occidental para derrotar a los selyúcidas musulmanes que estaban comiéndose su imperio en Asia Menor. Cuando los selyúcidas tomaron Jerusalén (de sus compañeros musulmanes, no los cristianos que habían perdido la ciudad siglos antes) en el año 1087, provocó el catalizador para movilizar a los cristianos occidentales en acción. El papa Urbano II (r. 1088 - 1099) respondió a esta llamada de ayuda, motivado por el deseo de fortalecer el papado y aprovechar el prestigio de convertirse en la cabeza indiscutida de toda la Iglesia cristiana, incluida la ortodoxa del Este. Retomando Jerusalén y sitios como el Santo Sepulcro, considerada la tumba de Jesucristo, después de siglos de control musulmán sería un golpe real.

Consecuentemente, el Papa puso en marcha una campaña de predicación a través de Europa, que apelaba a los nobles y caballeros occidentales a afilar sus espadas, alistarse e irse a la Tierra Sienta a defender los sitios más preciados de la cristiandad y cualquier cristiano en peligro ahí.

LA DEFENSA DE LOS CRISTIANOS Y LA FE, LOS GUERREROS ERAN PROMETIDOS POR EL PAPA, TRAÍA UNA REMISIÓN DE LOS PECADOS Y UNA VÍA RÁPIDA HACIA EL CIELO.

Los guerreros que 'tomaron la cruz', como el juramento a la cruzada fue conocido; e hicieron el increíblemente arduo viaje para pelear en una tierra extranjera eran motivados por cualquier número de cosas. Primero y más importante era el aspecto religioso - la defensa de los cristianos y la fe, prometido por el papa, traía una remisión de los pecados y una vía rápida hacia el cielo. También había ideas caballerosidad y realizar el acto correcto (aunque la idea de caballerosidad estaba en su infancia en el tiempo de la Primera Cruzada), presión de iguales y de familia, la oportunidad de conseguir riqueza material, incluso tierra y títulos, y el deseo de viajar y ver los grandes sitios sagrados en persona.

Muchos guerreros tenían menos ambiciones glamorosas y fueron simplemente obligados a seguir a sus señores, algunos buscaron escapar de deudas y justicia, otros solamente buscaron una vida digna con comidas regulares incluidas. Estas motivaciones continuarían en garantizar un gran número de reclutas durante todas las campañas posteriores.

La Primera Cruzada

Contra toda posibilidad, el ejército internacional de la Primera Cruzada sobrellevó las dificultades de logística y las habilidades del enemigo para recapturar primero Antioquía en junio del 1098 y luego la grande, Jerusalén en el 15 de julio del año 1099. Con su caballería pesada, armadura brillante, tecnología de asedio, y conocimiento militar, los caballeros occidentales dieron una sorpresa a los musulmanes que no se volvería a repetir. La masacre de musulmanes después de la caída de Jerusalén no sería olvidada tampoco. Habían sucedido algunas complicaciones, como la aniquilación de la Cruzada Popular, una banda de plebe no profesional, y una buena cantidad de muertes debido a plagas, enfermedades y hambrunas, pero el éxito general de la Primera Cruzada sorprendió incluso a los propios organizadores. La guerra cooperativa multinacional podría cosechar dividendos, al parecer, y este era el momento cuando los comerciantes empezaron a también mostrar un interés en las cruzadas.

Los Estados Cruzados

Para defender el territorio ahora en manos cristianas, cuatro Estados Cruzados fueron creados: el Reino de Jerusalén, el Condado de Edesa, el Condado de Trípoli, y el Principado de Antioquía. Colectivamente, estos fueron conocidos como el Este Latino u Outremer ("ultramar" en francés). El comercio entre Este y Oeste, que pasaba a través de estos Estados, y los contratos lucrativos para embarcar cruzados al Levante atrajo a los comerciantes de ciudades como Venecia, Pisa, Génova y Marsella. Órdenes militares surgieron en los Estados Cruzados, como los Caballeros Templarios y los Caballeros Hospitalarios, que eran cuerpos capaces de caballeros profesionales que vivían como monjes y eran dados el trabajo de defender castillos clave y peregrinos pasando. Desafortunadamente para la cristiandad, los Estados Cruzados siempre sufrieron de una falta de mano de obra y disputas entre nobles que se asentaron en ellos. La existencia de ellos no fue fácil a través del siguiente siglo.

La Segunda Cruzada

En el año 1144 la ciudad de Edesa en Mesopotamia Superior fue capturada por el líder selyúcida musulmán Imad ad-Din Zangi (r. 1127 - 1146), el gobernante independiente de Mosul (en Irak) y Alepo (en Siria), y muchos cristianos fueron asesinados o esclavizados. Esto encendería una nueva cruzada para tomarla nuevamente. El rey germano Conrado III (r. 1138 - 1152) y Luis VII, el rey de Francia (r. 1137 - 1180), dirigieron la Segunda Cruzada de 1147 - 1149, pero este sello real de aprobación no trajo éxito.

La muerte de Zangi solo trajo a un más determinado personaje a la escena, su sucesor Nur ad-Din (algunas veces llamado Nur al-Din, r. 1146 - 1174), quien buscaba unir al mundo musulmán en una guerra santa contra los cristianos del Levante. Dos grandes derrotas a menos de los selyúcidas en los años 1147 y

1148 golpeó el relleno del ejército cruzado, y su desesperado intento de salvar algo honorable de la campaña, el asedio a Damasco en junio del año 1148, fue otro miserable fracaso. El siguiente año Nur ad-Din capturó Antioquía, y el Condado de Edesa dejó de existir para el año 1150.

La Reconquista

En el año 1147, los cruzados de la Segunda Cruzada se habían detenido en Lisboa en ruta al Este para asistir al rey Alfonso Enríquez de Portugal (r. 1139 - 1185) en capturar esa ciudad de los musulmanes. Esto era parte del crecimiento continuo de los pequeños reinos cristianos al norte de Iberia quienes estaban ansiosos de empujar a los moros musulmanes fuera del sur de España, la llamada Reconquista (a pesar de que los musulmanes habían estado desde el inicio del siglo VII). Los papas estaban más que felices de incluir a los moros como otro enemigo del Oeste. Los mismos beneficios espirituales fueron ofrecidos a aquellos que pelearan en el Medio Oriente o Iberia. La nobleza española y portuguesa también estaba entusiasmada de obtener el respaldo de una autoridad mayor y la mano de obra y recursos financieros que prometía.

Nuevas órdenes militares locales surgieron, y las campañas fueron notablemente exitosas que solo

Granada quedó en manos musulmanas despúes de la mitad del siglo XIII.

Las Cruzadas bálticas

Una tercera arena para las cruzadas, de nuevo respaldadas por los papas y la infraestructura más amplia de la Iglesia, fue en el Báltico y aquellas áreas limítrofes de territorio germano que continuaban siendo paganas. Las Cruzadas Bálticas de los siglos XII al XV fueron primero conducidas por un ejército sajón liderado por los nobles germanos y daneses que seleccionaron a los vendos paganos (también conocidos como eslavos occidentales) como su objetivo en el año 1147. Esta fue toda una nueva faceta de las cruzadas: la conversión activa de no cristianos contrapuesto a la liberación de territorio mantenido por infieles. Los cruzados continuarían después de eso, ampliamente conducidos por la orden militar de los Caballeros Teutónicos que llamaron a caballeros a través de Europa para ayudarlos. La orden, en efecto, labró su propio estado en Prusia y después se mudó a lo que hoy es Lituania y Estonia.

Muy seguido convirtiendo brutalmente a paganos y, probablemente, más motivado por la adquisición de terrenos y riquezas que otra cosa, las cruzadas fueron tan exitosas en sus objetivos que los Caballeros Teutónicos se quedaron sin trabajo para el final del siglo XIV, y en lugar tuvieron que enfocarse, con resultados mucho más pobres, contra los polacos, turcos otomanos y rusos.

La Tercera Cruzada

De regreso en el Medio Oriente, el destino de los tres Estados Cruzados restantes se estaba convirtiendo cada vez más precaria. La nueva estrella musulmana, Saladino, el sultán de Egipto y Siria (r. 1174 - 1193) ganó una gran victoria contra el ejército del Este Latino en la batalla de Hattin en el año 1187, e inmediatamente después tomó Jerusalén. Estos eventos traerían la Tercera Cruzada (1189 - 1192). Tal vez la más glamorosa de todas las campañas, esta vez había dos reyes occidentales y un emperador al mando, por ello el nombre de 'la Cruzada de los Reyes'. Los tres grandes nombres fueron: Federico I Barbarroja, rey de Alemania y emperador del Sacro Imperio Romano (r. 1152 - 1190), Felipe II de Francia (r. 1180 - 1223) y Ricardo I "Corazón de León" de Inglaterra (r. 1189 - 1199).

. . .

A pesar del pedigrí real, las cosas empezaron de la peor manera para los cruzados cuando Federico se ahogó en un río en su trayecto hacia la Tierra Santa en junio de 1190. La presencia de Ricardo finalmente terminó el asedio de Acre a favor de los cristianos en julio de 1191, después de que el rey inglés había causado ya un revuelo al capturar Chipre en el camino.

Marchando hacia Jaffa, el ejército cristiano anotó otra victoria en la batalla de Arsuf en septiembre de 1191, pero al tiempo que las fuerzas llegaron a Jerusalén, sintieron que no podrían tomar la ciudad, e incluso si lo lograban, el ejército, relativamente intacto, de Saladino podría tomarla de vuelta inmediatamente. El resultado final de la Tercera Cruzada fue un mero premio de consolación: un tratado que permitía a los peregrinos cristianos viajar a la Tierra Santa sin molestias y una franja de tierra alrededor de Acre.

Aun así, era un soporte vital y uno que inspiró muchas cruzadas futuras a expandirlo a algo mejor.

Cruzadas posteriores

Las cruzadas posteriores fueron más bien una historia de los cristianos disparando sus ballestas a sus propios pies. La Cuarta Cruzada (1202 - 1204) de alguna manera logró identificar a Constantinopla, la más grande ciudad cristiana en el mundo, como su principal objetivo. Ambiciones papales, la avaricia financiera de los venecianos, y un siglo de sospechas mutuas entre las partes orientales y occidentales del antiguo Imperio romano crearon una tormenta de agresión que resultó en el saqueo de la capital del Imperio bizantino en el año 1204. El imperio fue dividido entre Venecia y sus aliados, sus riquezas y reliquias desaparecieron de vuelta a Europa.

La Quinta Cruzada (1217 - 1221) vio un cambio de estrategia debido a que las potencias occidentales identificaron que la mejor manera de recapturar la Tierra Santa de los musulmanes - ahora dominada por la dinastía ayubí (1174 - 1250) - era atacar primero el vientre suave del enemigo en Egipto. A pesar del éxito, después de un arduo asedio, de tomar Damieta en el Nilo en noviembre de 1219, la falta de consideración de los occidentales por las condiciones locales y soporte lógico adecuado, deletreó su condena en la batalla de El Mansurá en agosto del año 1221.

La Sexta Cruzada (1228 - 1229) vio la negociación lograr lo que la guerra no pudo. El emperador romano Federico II (r. 1220 - 1250), quien había sido criticado por no participar en la Quinta Cruzada, logró llegar a un acuerdo con al-Kamil, el entonces sultán de Egipto y Siria (r. 1218 - 1238), y Jerusalén fue entregada a control cristiano con la condición de que los peregrinos musulmanes podrían entrar libremente a la ciudad. Al-Kamil tenía sus propios problemas en controlar su gran imperio, especialmente la rebelde Damasco, y Jerusalén no tenía valor militar o económico al momento, solo una significancia religiosa, haciéndole una ficha de negociación barata para evitar una guerra distractora con el ejército de Federico.

La Séptima Cruzada (1248 - 1254) fue lanzada después de que un ejército cristiano fuera derrotado en la batalla de La Forbie en octubre de 1244.

Liderados por el rey francés Luis IX (r. 1226 - 1270), los cruzados repitieron la estrategia de la Quinta Cruzada y lograron solo los mismos miserables resultados: la adquisición de Damieta y la derrota total en El Mansurá. Luis incluso fue capturado, aunque fue rescatado después. El rey francés tendría otra oportunidad en la Octava Cruzada en el año 1270.

En el año 1250 el Sultanato mameluco había tomado el control de la dinastía ayubí, y tenían un líder formidable en el dotado ex general Baibars (r. 1260 - 1277). Luis IX atacó una vez más el norte de África, pero moriría de disentería atacando Túnez en el año 1270, y con él moría también la cruzada. Los mamelucos, mientras tanto, extendieron su dominio en el Medio Oriente y capturaron Acre en el año 1291, eliminando definitivamente a los Estados Cruzados.

Las consecuencias de las Cruzadas

Las Cruzadas tuvieron consecuencias enormes para todos aquellos involucrados. Aparte de la obvia muerte, destrucción y dificultades que las guerras causaron, también tuvieron efectos políticos y sociales significativos.

El Imperio bizantino dejó de existir, los papas se convirtieron en los líderes de facto de la Iglesia Cristiana, las Estados marítimos italianos arrinconaron el mercado mediterráneo en el comercio de Este - Oeste, los Balcanes fueron cristianizados, y la península ibérica vio a los moros ser expulsados al norte de África. La idea de las cruzadas fue expandida aún más para proporcionar una justificación religiosa de la conquista del Nuevo Mundo en los siglos XV y XVI. El puro costo de las cruzadas vio a las familias reales de Europa crecer en poder así como el de los nobles y barones declinaba. Las personas viajaron un poco más, especialmente en peregrinajes, y leyeron y cantaban canciones sobre las cruzadas, abriendo un poco más su visión del mundo, incluso si resultó ser prejuicioso para muchos.

A largo plazo, se tuvo el desarrollo de las órdenes militares, que eventualmente se ataron a la caballerosidad, varias de las cuales existen ahora de una forma u otra. Los europeos desarrollaron un mayor sentido de su mutua cultura e identidad común, que también resultó en grado más profundo de xenofobia contra los no cristianos - judíos y herejes, en particular. La literatura y el arte perpetuaron leyendas cruzadas en ambas partes - cristianos y musulmanes, creando héroes y tragedias en una compleja red de mitos, imágenes, y lenguaje que serían aplicadas, muy seguido de manera inexacta, a los problemas y conflictos del siglo XXI.

Antecedentes de las cruzadas

A mediados del siglo XI, los turcos selyúcidas que profesaban el Islam suní se expandieron por Medio Oriente. Conquistaron Bagdad y extendieron su dominio hacia el oeste. El Imperio bizantino, que conservaba la fe cristiana, estaba perdiendo territorios en Europa y Asia, y el emperador Romano IV decidió enfrentar a los turcos selyúcidas que amenazaban su predominio en Anatolia (actual Turquía).

. . .

La derrota bizantina en Manzikert (1071) permitió a los selyúcidas conquistar Anatolia, Siria y Palestina, esta última de manos de los fatimíes (musulmanes chiíes que habían establecido un califato con centro en Egipto).

El dominio musulmán sobre Jerusalén y alrededores no había impedido hasta entonces la convivencia y peregrinación de cristianos que deseaban entrar en contacto con los "Santos Lugares" por los que se creía que había caminado Jesús. Pero el dominio selyúcida y los conflictos en la región convirtieron a la peregrinación en una empresa peligrosa. A la vez, la debilidad del Imperio bizantino impedía que éste ofreciera protección a los peregrinos.

En este contexto, la expansión del Islam y, en particular, del dominio selyúcida que estaba a las puertas de Constantinopla, la capital del Imperio bizantino, motivó tanto la solicitud de ayuda militar por parte del emperador bizantino Alejo I Comneno como la disposición de los poderes occidentales por acudir.

. . .

El llamamiento a las Cruzadas

La solicitud de ayuda militar del emperador bizantino Alejo I Comneno motivó el llamado que hizo el papa Urbano II en el Concilio de Clermont (Francia) en 1095. Este convocó a los cristianos de Europa a viajar a Tierra Santa para liberarla del dominio musulmán y ofreció a quienes acudieran la indulgencia plenaria, es decir, el perdón de todos los pecados cometidos en el pasado.

Si bien el llamado de Urbano II iba dirigido a nobles y caballeros, acudieron personas de toda condición social bajo el lema "Dios lo quiere". Se estima que entre 60.000 y 100.000 individuos se movilizaron en 1096 motivados ya sea por la fe, por la obligación de seguir a un señor o por el deseo de adquirir tierras y botín.

Una primera excursión no oficial, conocida como "Cruzada popular", fue instigada por Pedro "el ermitaño", un clérigo francés que promovió el llamado de Urbano II entre campesinos y otros sectores humildes. Estos avanzaron de a miles por Europa, la mayoría desarmados o con armas rudimentarias; saqueaban a su paso para avituallarse y agredían a poblaciones judías.

Cuando llegaron a Anatolia, fueron en su mayor parte masacrados o esclavizados por los turcos selyúcidas.

Origen del término "Cruzadas"

La cruz estaba bordada en tela en el uniforme de los soldados cruzados.

Las Cruzadas toman su nombre de la cruz que llevaban los cruzados bordada en su uniforme o pintada en sus escudos y otros implementos. Este signo manifestaba públicamente que la persona había hecho el voto de "tomar la cruz", es decir, comprometerse en una expedición en defensa de la fe católica. De este modo, el término en latín crucesignatus, que se puede traducir como "cruzado", nombraba a una persona que estaba "bajo el signo de la cruz".

En los comienzos de las Cruzadas, los cristianos que marchaban armados o desarmados a Tierra Santa eran reconocidos indistintamente como peregrinos, y las campañas recibían nombres genéricos como "viaje a Jerusalén", "peregrinación" o "expedición". A lo largo del siglo XII, la diferencia entre guerreros y peregrinos desarmados se hizo más pronunciada y tanto el término "cruzados" (reservado a los guerreros) como "Cruzada" se comenzaron a generalizar a fines de este siglo. "Cruzada" se convirtió en sinónimo de peregrinación armada y de guerra santa.

Causas o motivaciones de las Cruzadas

La principal motivación de las Cruzadas fue detener la expansión islámica y recuperar el control de la llamada "Tierra Santa", es decir, Jerusalén y otros sitios de Palestina en los que se creía que había vivido, muerto y resucitado Jesús.

También conocidos como "Santos Lugares", estos sitios estaban desde el siglo VII bajo el dominio político de regímenes islámicos y eran el destino de peregrinos cristianos provenientes de Europa. Pero la conquista de los turcos selyúcidas y los conflictos que tuvieron lugar en la región a fines del siglo XI volvieron peligrosa la peregrinación y avivaron el anhelo cristiano de expulsar de ella a los musulmanes.

Sin embargo, los historiadores también reconocen otras motivaciones complementarias:

La solicitud de ayuda del emperador bizantino que desencadenó el posterior llamado a las Cruzadas fue una petición de asistencia militar para hacer frente a los turcos selyúcidas y defender la soberanía política de lo que aún quedaba del imperio.

La predicación del papa Urbano II que llamaba a viajar a Jerusalén para recuperar y defender Tierra Santa pudo deberse también al interés por devolver la primacía al papado sobre toda la cristiandad que, en ese entonces, estaba dividida en la Iglesia católica de occidente y la Iglesia ortodoxa de oriente.

Algunos de los participantes en las Cruzadas tenían intereses económicos, como la apropiación de tierras y riquezas o el aprovechamiento de las rutas terrestres y marítimas para hacer negocios. La Cuarta Cruzada adquirió incluso una motivación en gran medida comercial: los mercaderes venecianos convencieron a los cruzados de que atacaran ciudades cristianas con las que competían por la supremacía comercial, lo que derivó en la toma y saqueo de Constantinopla, la capital del Imperio bizantino.

Los cruzados

.   .   .

Muchos individuos veían la ocasión de alistarse y ser perdonados por sus pecados.

Las primeras Cruzadas convocaron a personas de toda condición social y de distintos puntos de Europa. Algunos sectores humildes y marginales participaron en la llamada "Cruzada popular" que no contó con la aprobación del Papa, pero otros se integraron en las Cruzadas oficiales junto a nobles y caballeros que iban mejor equipados y entrenados.

A partir de la Segunda Cruzada adquirieron protagonismo algunos reyes en la conducción de estas expediciones.

Las razones para participar en las Cruzadas eran diversas. La más visible era el fervor religioso que podían experimentar todos los estratos sociales de la cristiandad occidental, motivados por la defensa de la Tierra Santa o por la indulgencia plenaria. Pero también fue importante la ambición política de algunos nobles que deseaban conquistar territorios y los intereses económicos de sectores de la baja nobleza o de condición social menos privilegiada que se beneficiaron de la rapiña, el botín o la obtención de tierras para usufructuar.

· · ·

Algunos simplemente seguían a sus señores, a quienes debían fidelidad (esta forma de reclutamiento por obligaciones de vasallaje parece haber sido predominante a partir de la Tercera Cruzada). Algunos mercaderes podían aprovechar las rutas de traslado a Medio Oriente como una oportunidad de negocios y otros individuos podían estar motivados por la obtención de títulos nobiliarios como recompensa por acompañar a los líderes cruzados.

El éxito de la Primera Cruzada y el asentamiento de los cruzados en Siria y Palestina fomentó además la creación de órdenes monásticas y militares que tenían la misión de proteger a los peregrinos y defender las nuevas posesiones cristianas.

Así nacieron los caballeros templarios (1119-1314), los caballeros hospitalarios (surgidos en 1113 y famosos, entre otras cosas, por su control de castillos como el Crac de los caballeros en Siria), los caballeros teutones (cuya orden fue fundada en 1190), entre otros. Estos monjes-guerreros tomaban votos monásticos y se dedicaban a la actividad militar.

La organización militar de los cruzados dependía tanto de la caballería como de la infantería. Las unidades se formaban a partir de la jura de fidelidad a un líder cruzado. El traslado desde Europa se hizo inicialmente por vía terrestre pero a partir de la Tercera Cruzada se hizo más frecuente el recurso a embarcaciones, generalmente proveídas por ciudades comerciales italianas como Venecia y Génova.

¿Contra quién se dirigían los cruzados?

El poder político y religioso de los musulmanes competía con el del cristianismo.

Las Cruzadas a Tierra Santa se dirigían contra poblaciones musulmanas. El primer objetivo de los cruzados era expulsar de los Santos Lugares a los turcos selyúcidas. A fines del siglo XI estos dominaban gran parte de Medio Oriente y amenazaban al Imperio bizantino.

Si bien los cruzados se enfrentaron con los selyúcidas en las primeras Cruzadas, el sitio de Jerusalén en 1099 fue dirigido contra los fatimíes que gobernaban desde Egipto y que habían expulsado a los selyúcidas de dicha ciudad.

. . .

Otros adversarios musulmanes de los cruzados fueron los ayubíes, que respondían a la autoridad del sultán de Egipto y Siria (Saladino o sus sucesores); los mamelucos, entre cuyos sultanes se destacó Baibars I; y los almorávides que fueron vencidos por cruzados al servicio del rey de Portugal en la península ibérica como parte de la llamada Reconquista.

Los cruzados también se enfrentaron con poblaciones cristianas, especialmente en el Imperio bizantino, y ejercieron la violencia sobre poblaciones judías. Otros episodios que fueron llamados "Cruzadas" se libraron en territorio europeo y se dirigieron contra cristianos "herejes", como la guerra contra los albigenses del sur de Francia, y contra "paganos", como las Cruzadas bálticas.

Consecuencias de las Cruzadas

Las Cruzadas tuvieron diversas consecuencias en Europa y Medio Oriente, entre ellas:

- Detuvieron el avance del Islam hacia occidente y preservaron la hegemonía cristiana en Europa.

- Ampliaron la influencia del papado en el mundo occidental e incluso, durante un tiempo, entre los cristianos de oriente, aunque las diferencias entre cristianismo oriental y occidental se acentuaron y tornaron irreversible la separación entre la Iglesia católica y la Iglesia ortodoxa.
- Determinaron el declive del Imperio bizantino, que se desintegró finalmente en 1453 tras la caída de Constantinopla frente a los turcos otomanos.
- Aumentaron la presencia cristiana en regiones de Medio Oriente y otros lugares de Asia, incluida la promoción de misiones franciscanas y dominicas.
- Reforzaron la idea de unidad religiosa y cultural de la Europa occidental cristiana en oposición al oriente musulmán e incrementaron la intolerancia religiosa contra musulmanes, judíos y quienes eran considerados paganos y herejes.
- Le dieron un nuevo impulso al comercio entre oriente y occidente, lo que introdujo nuevos cultivos y productos exóticos en Europa, y favorecieron la recepción occidental de ciencias, artes y filosofía del Islam, así como de obras griegas que conservaba el Imperio bizantino o que habían sido traducidas y

comentadas por intelectuales árabes (aunque tuvo mayor impacto en esto la Reconquista en la península ibérica).

- Arruinaron a muchos señores feudales que habían abandonado, vendido o hipotecado sus tierras para dirigirse a Tierra Santa, mientras que beneficiaron a comerciantes de las ciudades y fortalecieron a algunas casas reales europeas que habían concentrado recursos mediante impuestos y aranceles al comercio.

- Aumentaron la hegemonía de grandes ciudades comerciales como Venecia, Génova y Pisa que controlaban las rutas de intercambio con Medio Oriente.

- Incentivaron la formación de órdenes religioso-militares creadas con el fin de participar en las Cruzadas y proteger a los peregrinos; algunas de ellas acumularon poder y riquezas e inspiraron la creación de otras órdenes, pero en ocasiones entraron en conflicto con los poderes eclesiástico y secular (como sucedió con la Orden de los Templarios, que fue disuelta en el siglo XIV).

- Acentuaron las divisiones dentro del Islam pero también intensificaron sus diferencias con los poderes cristianos, cuyo comportamiento durante las Cruzadas fue motivo de reprensión.

- Estimularon la elaboración de narraciones que durante siglos exaltaron el heroísmo ya sea de reyes y nobles europeos al servicio de la cristiandad (en el occidente cristiano) o bien de gobernantes que habían luchado en defensa del Islam (como Salah al-Din Yusuf ibn Ayyub, conocido en occidente como Saladino).
- Difundieron la idea de cruzada religiosa y "guerra santa" que influyó en la concepción de expansiones posteriores, como por ejemplo la conquista del Nuevo Mundo.

Juan Pablo II pidió perdón por las masacres cometidas en nombre de Dios.

En el año 2000, el entonces Papa de la Iglesia católica Juan Pablo II confesó públicamente las "culpas del pasado" y pidió perdón por los actos de intolerancia y violencia cometidos en nombre de la fe católica a lo largo de la historia.

Entre los hechos que motivaron esta manifestación de arrepentimiento y penitencia se contaban, aunque sin nombrarlos, los crímenes de la Inquisición y las masacres perpetradas durante las Cruzadas.

Otras cruzadas

Otras guerras y episodios de violencia fueron denominados "Cruzadas", pero no formaron parte del esfuerzo católico por recuperar o defender Tierra Santa. Entre ellos, se destacan los siguientes:

La Cruzada albigense (1209-1229) se dirigió contra los cátaros o albigenses del sur de Francia que predicaban una doctrina gnóstica cristiana considerada herética por la Iglesia católica. El Papa recurrió a la corona francesa y comenzó una guerra que concluyó con la victoria de los cruzados del rey de Francia sobre el condado de Tolosa que cobijaba a los albigenses. De todos modos, el movimiento cátaro no se extinguió y siguió siendo perseguido por la Inquisición.

La Reconquista en la península ibérica también adquirió carácter de Cruzada. Por ejemplo, los cruzados que marchaban hacia Tierra Santa en 1147 recibieron la misión eclesiástica de expulsar a los musulmanes de Lisboa, Almería y Tarragona, y la batalla de Las Navas de Tolosa que tuvo lugar en 1212 recibió contingentes de diversas partes de Europa debido a que el papa Inocencio III la predicó como una Cruzada.

Las Cruzadas bálticas fueron protagonizadas por los caballeros de la Orden Teutónica que había sido creada durante la Tercera Cruzada. Se dirigieron contra las poblaciones paganas de la región báltica a partir del siglo XIII.

Los teutones recibieron la aprobación del Papa y del emperador del Sacro Imperio Romano Germánico para gobernar las tierras conquistadas en Prusia y otras áreas limítrofes e imponer su cristianización.

La Cruzada de Nicópolis convocó en 1385 a un gran número de tropas europeas por solicitud del rey Segismundo de Hungría con el objetivo de detener el avance de los turcos otomanos en Europa. La batalla decisiva tuvo lugar en 1396 y supuso una derrota para los cristianos frente a las fuerzas musulmanas del sultán otomano Bayezid I.

La llamada "Cruzada de los niños" (1212) no fue realmente una Cruzada ni se compuso mayoritariamente de niños. Fue un movimiento popular que parece haber sido inspirado por un joven pastor de Alemania que convocó a un buen número de personas (entre ellas, niños y adolescentes, pero también adultos pobres y marginados). Si bien el objetivo parece haber sido llegar a Tierra Santa desde Génova, no lograron salir de Europa. Otros movimientos similares pudieron haber confluido con este. De todos modos, los relatos acerca de esta movilización y acerca de sus inspiradores parecen mezclar la historia con la ficción.

4

Guerra De Los Cien Años

La Guerra de los Cien Años

Se da el nombre de Guerra de los Cien Años al largo conflicto que sostuvieron los reyes de Francia e Inglaterra entre 1337 y 1453. En realidad fue una extensa serie de choques militares y diplomáticos, caracterizada por breves campañas bélicas y largas treguas. No fue, por tanto, un estado de guerra permanente, aunque las prolongadas y frecuentes treguas se veían continuamente salpicadas de escaramuzas al estilo de la guerra de guerrillas, y las maniobras diplomáticas más tradicionales estaban al orden del día. Se inició en medio de condiciones feudales y por causa de un litigio típicamente feudal; y terminó en guerra entre dos países que se estaban convirtiendo rápidamente en naciones bajo la administración centralizada de sus respectivas monarquías.

Sin embargo, las raíces de la Guerra de los Cien Años se remontan a la conquista del trono inglés por Guillermo el Conquistador en 1066. Como duque de Normandía, Guillermo -y, posteriormente, sus herederos- participaban tan activamente en la política feudal de Francia como en el gobierno de Inglaterra. Tanto económica como culturalmente, Inglaterra se había convertido en colonia de Normandía, y los intereses de los nuevos reyes "ingleses" seguían firmemente asentados en Francia.

Esta situación se acentuó a partir de 1154, al acceder al trono de Inglaterra Enrique de Anjou, fundador de la dinastía angevina o Plantagenet. En su condición de conde de Anjou, duque de Normandía y de Aquitania, y ahora, como Enrique II de Inglaterra, este monarca tenía un pie firmemente plantado a cada lado del Canal. Según los principios feudales, Enrique y, después de él, sus hijos Ricardo y Juan, eran vasallos de la monarquía francesa, que era el poder central; pero el enorme poderío derivado del dominio de las riquezas y de los recursos humanos de Inglaterra, hizo de los primeros Plantagenet todo menos vasallos sumisos del rey de Francia.

. . .

Crecimiento del poderío francés

Los primeros años de este "imperio angevino" coincidieron con un crecimiento sin precedentes del poder y el prestigio de los monarcas franceses.

En 1202, el rey Felipe Augusto de Francia convocó al rey Juan de Inglaterra a su corte de París, en relación con el pretendido incumplimiento por parte de este último de sus obligaciones como señor feudal de Aquitania.

En base al principio de que las tierras de Francia eran poseídas por sus señores sólo en su condición de vasallos del rey de Francia, Felipe Augusto desposeyó a Juan de todas sus posesiones francesas. Naturalmente, la medida fue seguida de una serie de guerras. Hasta la firma del Tratado de París, de 1259, no pudo llegarse a una solución aceptable. El rey de Inglaterra pudo reasumir sus derechos en Aquitania, pero con la condición expresa de que lo hacía como vasallo del monarca francés.

En 1294 se inició un nuevo período de actividades militares esporádicas, interrumpidas por largas y complejas negociaciones diplomáticas, que culminaron con la desposesión parcial de Aquitania. Los franceses se negaban a limitar la soberanía de su rey sobre dicha región para dar satisfacción a los ingleses. Estos, por su parte, sostenían los derechos de su rey a la plena soberanía. La siguiente fase de este conflicto se inició en 1337, cuando Felipe VI de Francia decretó una vez más la desposesión del ducado de Eduardo III de Inglaterra y organizó una campaña militar para apoderarse de las tierras por la fuerza. Esta es la fecha que se toma como inicio de la guerra de los Cien Años.

La magnitud del conflicto pronto se incrementó cuando Eduardo se proclamó rey legítimo de Francia, en 1340, e invitó a los nobles franceses a reconocer su derecho. De este modo, la disputa sobre Aquitania se convirtió en una guerra por la sucesión de Francia.

Este conflicto entre dos monarcas por la posesión de un reino se complicó aún más por el resentimiento que los nobles franceses venían manifestando desde hacía largo tiempo por la intromisión del gobierno central en su esfera de poder. Y Eduardo era lo suficientemente astuto para capitalizar ese resentimiento. Les hizo ver que sus esfuerzos eran la lucha de un señor francés que, al mismo tiempo, resultaba ser rey de Inglaterra, frente a la política expansiva de una serie de reyes cada vez más poderosos. Y, efectivamente, logró el reconocimiento de sus derechos en algunos círculos. Por tanto, a partir de 1340, existieron dos reyes de Francia.

La Batalla de Crécy

Las famosas batallas de Crécy (1346) y de Poitiers (1356) se produjeron de modo casi fortuito. Crécy rindió escasos frutos a Eduardo, excepto, indirectamente, el puerto de Calais y sus alrededores. Poitiers culminó con la captura del rey Juan II de Francia, aunque, curiosamente, este acontecimiento tuvo escasas consecuencias prácticas.

Sin embargo, el efecto de estas dos victorias sobre el prestigio de Eduardo fue tal, que en 1359 se encontraba en una posición extremadamente fuerte.

Batalla de Crecy, Guerra de los Cien Años

En 1359, Eduardo había conseguido el apoyo de varias facciones en los ducados de Flandes, Normandía y Bretaña, y estaba negociando la adhesión del duque de Borgoña. Además, seguía teniendo al rey de Francia como prisionero. En ese momento Eduardo propuso una tregua, bajo cuyos términos le sería cedida toda la mitad occidental de Francia, además de un cuantioso rescate por el rey Juan. Cuando los franceses, en un derroche de valor, rechazaron tales términos, Eduardo reunió un poderoso ejército y montó una campaña que, según esperaba, iba a resultar decisiva.

Esta ofensiva inglesa fracasó estrepitosamente. Como consecuencia de ello, se firmaron los tratados de Brétigny y Calais (1360), que fueron los primeros acuerdos destinados a poner fin a la guerra. Según estos tratados, Francia reconocía la plena soberanía de Eduardo sobre una Aquitania bastante más extensa que antes. A cambio, Eduardo renunciaba a todo derecho a la corona de Francia. Este fue el primero de dos puntos culminantes del conflicto.

Poco después, los protagonistas del drama volvieron a las andadas. Eduardo retiró su renuncia a los derechos sobre la corona francesa, y el rey de Francia, en represalia, se negó a declinar su soberanía sobre Aquitania. En consecuencia, la guerra se reanudó. Hacia 1375, Carlos V de Francia había conseguido hacer retroceder a las fuerzas de Eduardo casi hasta el Canal. Todo lo que este rey había conseguido conservar era Calais, una franja costera que incluía Burdeos y Bayona, y unas pocas fortalezas situadas en Bretaña y Normandía.

A principios del siglo XV, los ingleses tuvieron una nueva oportunidad de apoderarse de gran parte de Francia, por no decir de todo el país. La ocasión fue el estallido de una guerra civil o, más concretamente, un conflicto armado entre los duques de Borgoña y de Orleans. Carlos VI, que había accedido al trono de Francia en 1380 a la edad de once años, era un enfermo crónico incapaz de gobernar efectivamente. En el vacío de autoridad así creado sus ducales tíos rivalizaban por el poder personal y por adquirir una influencia dominante sobre la administración central.

Fieles al espíritu de la política feudal francesa, ni el duque de Borgoña ni el de Orleans tuvieron escrúpulo alguno en buscar la ayuda inglesa. Después de haberse asegurado la neutralidad benevolente del primero, Enrique V desembarcó cerca de Harfleur en 1415.

Sin embargo, la supuestamente gloriosa victoria que obtuvo en Agincourt poco después resultó ser poco más que una desesperada acción de retaguardia para cubrir su retirada.

· · ·

Enrique regresó con un nuevo ejército en 1417, encontrando esta vez mejor suerte. Mientras se dedicaba a conquistar Normandía, fortaleza por fortaleza, su reticente aliado, el duque de Borgoña, sitió y se apoderó de París.

Cuando el duque fue asesinado en 1419, su sucesor decidió concertar una alianza formal con Enrique. Este acuerdo llevó directamente al tratado de Troyes, de 1420. Fue el segundo punto culminante, al menos aparentemente, de la prolongada guerra.

Con arreglo al tratado de Troyes, Enrique debía ser reconocido rey legítimo de Francia cuando quedase vacante el trono por la muerte de Carlos. Parecía que todo lo que le quedaba por hacer a Enrique era completar la conquista de aquellas regiones que todavía se resistían al avance de los ejércitos ingleses. Una vez más, los sueños de Eduardo III de crear un imperio que abarcara toda Francia e Inglaterra parecían a punto de realizarse.

Enrique VI

· · ·

Pero Enrique V murió unos meses antes que el incapaz Carlos, por lo que el tratado de Troyes nunca entró en vigor. El pequeño Enrique VI fue coronado rey tanto de Inglaterra como de Francia, y los ejércitos ingleses prosiguieron la conquista del norte y del sudoeste de Francia. Pronto resultó evidente que, si lograban apoderarse de Orleans y cruzar el Loira, sería militarmente imposible cortar su avance por el resto de Francia.

Sitio de Orleans. guerra de los Cien Años

Pero fue precisamente en Orleans, en 1429, donde el signo de la guerra cambió finalmente en favor de Francia. Estando Orleans sometida al tenaz asedio de los ingleses, apareció en escena la enigmática figura de Juana de Arco. A la cabeza de los ejércitos franceses, Juana levantó el asedio y convenció al Delfín, hijo mayor del fallecido Carlos VI, para que se hiciera coronar en Reims como rey Carlos VII de Francia.

El país recobró su aliento, porque otra vez tenía un rey, así como un general victorioso. A partir de entonces, las posiciones inglesas fueron deteriorándose continuamente; Borgoña se sometió nuevamente a la casa real francesa en 1435, y París fue por fin reconquistado al año siguiente.

Carlos VII de Francia

Sólo en 1449 Carlos se sintió lo suficientemente fuerte para pasar a la ofensiva. Cuando lo hizo, reconquistó rápidamente Maine y Normandía. Burdeos, la última plaza fuerte inglesa en Aquitania, cayó finalmente a manos de los ejércitos de Carlos en 1453. Eso significó el fin efectivo de la presencia inglesa en Francia, por lo que la fecha es considerada como el final del centenario conflicto.

Aparte de confirmar a la dinastía Valois como casa reinante de Francia, y de forzar a los Plantagenet a ser más "ingleses" que antes, la guerra produjo otros efectos importantes a largo plazo. La guerra se había desarrollado exclusivamente en Francia, dejándola empobrecida y despoblada. El resurgimiento francés, durante la guerra y después de ella, sólo podría conseguirse bajo una administración central fuerte, y toda Francia reconoció esta realidad.

. . .

Los reyes de Francia, en aras de esa necesidad de contar con un gobierno central fuerte, pronto llegaron a adquirir poderes que habrían de desembocar en la monarquía absoluta de tres siglos después. Antes de la guerra, Francia era un mosaico de ducados y condados casi independientes, frecuentemente en conflicto unos con otros o con el rey. Sus duques y condes, así como el pueblo, tenían muy poca conciencia de ser "franceses". Después de la guerra, apareció un embrionario sentido de unidad nacional, bajo la bandera del rey de Francia y de todos los franceses. El viejo estilo feudal había desaparecido para siempre.

La batalla de Agincourt

La Batalla de Agincourt, librada el 25 de octubre de 1415, es uno de los episodios más legendarios de la Edad Media. Esta contienda bélica entre el Reino de Inglaterra y el Reino de Francia ha dejado una marca indeleble en la historia y se ha convertido en un símbolo de la determinación, la valentía y la astucia de los ejércitos medievales.

El escenario de esta célebre batalla fue un campo embarrado cerca del pueblo de Agincourt, en el norte de Francia. Las fuerzas inglesas, comandadas por el carismático rey Enrique V de Inglaterra, se encontraron en una posición desfavorable, superadas en número por un ejército francés mucho más numeroso y confiado en su victoria.

Pero lo que pudo haber parecido una empresa desesperada para los ingleses se transformó en una epopeya memorable.

Enrique V supo aprovechar la situación y, a pesar de estar en inferioridad numérica, demostró una notable habilidad estratégica. Utilizando a su favor la estrechez del terreno y valiéndose del arco largo inglés, sus arqueros desataron una mortífera lluvia de flechas sobre las filas francesas, diezmando a sus adversarios antes de que pudieran acercarse lo suficiente para entrar en combate cuerpo a cuerpo.

La carga de la infantería francesa, pesadamente armada, se convirtió en un caótico y letal encuentro con el lodo y la desigualdad de fuerzas, lo que favoreció aún más a las tropas inglesas. La disciplina, el coraje y la determinación de los soldados de Enrique V prevalecieron en medio del fragor de la batalla, logrando una sorprendente victoria contra todo pronóstico.

· · ·

La Batalla de Agincourt se convirtió en un punto de inflexión en la Guerra de los Cien Años, un prolongado conflicto entre Inglaterra y Francia. El triunfo inglés en esta contienda aumentó el prestigio del joven rey Enrique V y permitió a los ingleses consolidar su dominio en vastas regiones de Francia durante algunos años.

Sin embargo, la historia de Agincourt no se limita a ser un relato de hazañas bélicas. Esta batalla ha sido objeto de estudios históricos, literarios y cinematográficos, inspirando obras como el famoso discurso de Shakespeare en su obra "Enrique V". También ha dejado una profunda huella en la conciencia colectiva, convirtiéndose en un símbolo de la tenacidad y la voluntad del ser humano para sobreponerse a desafíos aparentemente insuperables.

Hoy en día, la Batalla de Agincourt sigue siendo un recordatorio de que la historia está llena de momentos cruciales, donde las acciones y decisiones de unos pocos pueden cambiar el curso de los acontecimientos.

Es una lección perdurable sobre el poder de la estrategia, el coraje y el ingenio en medio de la adversidad, y una prueba de que la voluntad y la determinación pueden llevar a lograr hazañas extraordinarias.

· · ·

La Batalla de Agincourt perdura en el tiempo, capturando nuestra imaginación y dejándonos con el deseo de explorar más a fondo los detalles y el significado de este épico encuentro medieval. Es un emblema perdurable de la rica y compleja historia de la Edad Media, y una invitación para seguir desenterrando las lecciones y tesoros que yacen ocultos en el pasado de la humanidad.

Juana de arco

Juana de Arco, también conocida como la Doncella de Orleans, fue una joven campesina que es considerada una heroína de Francia por su papel durante la fase final de la Guerra de los Cien Años. Juana afirmó haber tenido visiones del Arcángel Miguel, de Santa Margarita y de Catalina de Alejandría, quienes le dieron instrucciones para que ayudara a Carlos VII y liberara a Francia de la dominación inglesa en el período final de la Guerra de los Cien Años. Carlos VII, que todavía no había sido coronado, envió a Juana al asedio de Orleans como integrante de un ejército de ayuda y fue allí donde se ganó una gran fama porque el asedio fue levantado solo nueve días después.

. . .

Otras rápidas victorias permitieron que Carlos VII fuera coronado rey de Francia en Reims. Este evento tan esperado elevó la moral francesa y allanó el camino para su victoria final.

El 23 de mayo de 1430, Juana fue capturada en Compiègne por la facción borgoñona, un grupo de nobles franceses aliados con los ingleses. Después fue entregada a los ingleses y procesada por el obispo Pierre Cauchon por varias acusaciones. Declarada culpable, el duque Juan de Bedford la quemó en la hoguera en Ruan el 30 de mayo de 1431, cuando tenía alrededor de 19 años de edad.

En 1456 un tribunal inquisitorial autorizado por el papa Calixto III examinó su juicio, anuló los cargos en su contra, la declaró inocente y la nombró mártir. En el siglo XVI la convirtieron en símbolo de la Liga Católica y en 1803 fue declarada símbolo nacional de Francia por decisión de Napoleón Bonaparte. Fue beatificada en 1909 y canonizada en 1920. Juana de Arco es uno de los nueve santos patronos secundarios de Francia y ha seguido siendo una destacada figura popular y cultural desde el momento de su muerte gracias a que muchos escritores, artistas y compositores se han inspirado en ella.

· · ·

En su juicio, Juana declaró que tenía unos 19 años, lo que implica que pensaba que había nacido alrededor de 1412.

Juana era analfabeta y se piensa que sus cartas fueron dictadas por ella a escribas y que las firmó con la ayuda de otros. Juana era hija de Jacques d'Arc de Isabelle Romée, residentes en Domrémy, una villa que entonces estaba en la parte francesa del ducado de Bar. Sus progenitores eran propietarios de veinte hectáreas de tierra y además su padre complementaba su trabajo como granjero con un puesto menor como funcionario de la aldea, recaudando impuestos y dirigiendo la guardia local. Vivían en una zona aislada del este de Francia que permaneció fiel a la corona francesa a pesar de estar rodeada de tierras pro borgoñonas.

Debido a la infalibilidad de los registros y a las diferentes costumbres contemporáneas, no se sabe con certeza el nombre de Juana de Arco al nacer. Juana de Arco no procedía de un lugar llamado Arco, sino que nació y creció en la aldea de Domrémy, en lo que entonces era la frontera nororiental del Reino de Francia. Todas sus firmas aparecen con la forma francesa media Jehanne sin apellido. En el francés moderno, su nombre se traduce siempre como Jeanne d'Arc, lo que refleja los cambios ortográficos debidos a la evolución de la lengua a lo largo del tiempo. Su nombre de pila también se transcribe a veces como «Jeanneton» o «Jeannette», y es posible que Juana haya eliminado el sufijo diminutivo -eton o -ette en su adolescencia.

El apellido de Arco es una traducción de d'Arc, que a su vez es una aproximación en el francés del siglo XIX al nombre de su padre, Jacques d'Arc.

Los apóstrofes nunca se empleaban en los apellidos franceses del siglo xv, lo que a veces lleva a confundir entre topónimos y otros nombres que empiezan por la letra D. Según los registros latinos, que ciertamente reflejan una diferencia, es más probable que el nombre de su padre fuera Darc.

Para complicar aún más las cosas, los apellidos no eran universales en el siglo xv y la herencia del apellido no seguía necesariamente los patrones modernos. Juana declaró en su juicio que la costumbre local en su región natal era que las niñas usarán el apellido de sus madres. La madre de Juana era conocida como Isabelle Romée y como Isabelle de Vouthon, y ambas versiones tenían ligeras variaciones en la forma de escribirse el nombre y el apellido en diferentes documentos. No se conserva ningún registro de la vida de Juana que demuestre que utilizaba el apellido de su madre o de su padre, pero a menudo se refería a sí misma como la Pucelle, que se traduce aproximadamente como «la Doncella». Antes de mediados del siglo XIX, que fue cuando Jeanne d'Arc y Juana de Arco se convirtieron en la forma estándar, la literatura y las obras artísticas que se refieren a ella la describen a menudo como la Pucelle o la Doncella de Orleans. Su pueblo natal ha sido rebautizado como Domrémy-la-Pucelle para reflejar esa tradición.

Hubo diversas incursiones militares borgoñonas durante la infancia de Juana. Para 1419, la guerra había empezado a afectar la región. En 1425, el ganado de la aldea fue robado por un bandolero no alineado de nombre Henri D'Orly.

En 1428, la comarca fue saqueada por un ejército borgoñón al mando de Antoine de Vergy, quien incendió la villa y destruyó los cultivos.

Juana tuvo su primera visión durante esta época. Testificó que cuando tenía trece años, alrededor de 1425, se le apareció una figura que identificó como San Miguel Arcángel, rodeado por ángeles, en el jardín de su padre. Tras la visión, reportó haber llorado porque quería que se la llevaran con ellos. A lo largo de su vida, siguió teniendo visiones de San Miguel, así como de Santa Margarita virgen y Santa Catalina de Alejandría. En 1428, un joven de su aldea alegó que ella había roto una promesa de matrimonio.

El caso fue llevado ante un tribunal eclesiástico en la ciudad de Toul y denegado.

Según el testimonio posterior de Juana, fue alrededor de este periodo que sus visiones le dijeron que debía marcharse de Domrémy para ir a ayudar al Delfín Carlos. Debía expulsar a los ingleses y llevar al delfín -el príncipe heredero del trono francés- a Reims para su coronación como rey. Afirmó que la primera vez que escuchó una voz, notó una gran sensación de miedo y que esta venía del lado de la iglesia, normalmente acompañada de una gran claridad. Según sus palabras, lloró cuando se fueron porque eran muy hermosos.

A comienzos de 1428, los ingleses habían estado sitiando Orleans y la habían aislado casi del todo del resto del territorio de Carlos al haber capturado muchos de los pequeños poblados con puentes que cruzaban el río Loira. El destino de Orleans era crítico para la supervivencia del reino de Armagnac porque su posición estratégica a orillas del Loira la hacía el último obstáculo para asaltar el resto del territorio de Carlos. En mayo de 1428, a los 16 años, Juana le pidió a un pariente llamado Durand Lassois que la llevara a la ciudad cercana de Vaucouleurs, donde solicitó al comandante de la guarnición, Robert de Baudricourt, una escolta armada que la acompañara a la Corte de Armagnac en Chinon.

La respuesta sarcástica de Baudricourt no la disuadió. Regresó el siguiente enero y su petición fue rehusada una vez más, pero se ganó el apoyo de dos de los soldados de Baudricourt: Jean de Metz y Bertrand de Poulengy. Según Jean de Metz, ella le dijo «debo estar al lado del Rey... no habrá ayuda para el Reino salvo la mía. Preferiría haber seguido hilando lana al lado de mi madre... sin embargo, debo ir a hacer esto, porque mi Señor quiere que lo haga».

Entretanto, fue convocada a Nancy bajo salvoconducto de Carlos II, duque de Lorena, quien estaba enfermo y pensó que Juana podría ser capaz de curarlo. Juana no le ofreció cura alguna y, en cambio, reprendió al duque por vivir con su amante.

Bajo los auspicios de Jean de Metz y Bertrand de Poulengy, Baudricourt aceptó una tercera audiencia con Juana en febrero, alrededor del tiempo en que los ingleses capturaron un convoy de relevo que iba camino a Orleans en la Batalla de los Arenques. Durante la reunión Juana predijo la derrota francesa en la batalla, varios días antes de que llegaran los mensajeros informando de la debacle francesa.

Según el Journal du Siége d'Orléans, que retrata a Juana como una figura milagrosa, ella se enteró de la batalla a través de la «gracia divina» mientras atendía a sus rebaños en Lorena y usó esta revelación para convencer a Baudricourt de llevarla ante el delfín. El entusiasta apoyo de Metz y de Poulengy a Juana, así como sus conversaciones personales con Baudricourt, lo convencieron de permitirle ir a Chinon a tener una audiencia con el Delfín. Juana viajó con una pequeña escolta de seis soldados. Escogió usar ropas de hombre, que le fueron proporcionadas por sus escoltas y la gente de Vaucouleurs.

Robert de Baudricourt le otorgó a Juana una escolta para visitar Chinon después de que las noticias de Orleans confirmaran su predicción de la derrota. Hizo el viaje a través del territorio hostil de Borgoña disfrazada de soldado, un hecho que más tarde la llevaría a ser acusada de «travestismo», aunque sus escoltas lo vieron como una precaución lógica.

. . .

Dos de los miembros de esa escolta afirmarían tiempo después que ellos y otras personas de Vaucouleurs le entregaron esa indumentaria y le sugirieron vestirla.

El primer encuentro de Juana con Carlos tuvo lugar en la Corte Real en la ciudad de Chinon a finales de febrero o comienzos de marzo de 1429, cuando ella tenía 17 años y él 26. Juana le dijo que había venido a levantar el sitio sobre Orleans y a conducirlo a Reims para su coronación. Tras presentarse ante la Corte, ella causó una gran impresión en Carlos durante la conferencia privada que mantuvieron, pero Carlos y su concejo necesitaban mayor certeza. En esa época la suegra de Carlos, Yolanda de Aragón, estaba planeando financiar una expedición de socorro de la asediada ciudad de Orleans. Juana pidió permiso para viajar con el ejército y vestir una armadura protectora, que le fue proporcionada por el gobierno Real. La joven campesina dependía de las donaciones para equiparse con armadura, caballo, espada, estandarte y el resto de pertrechos de su séquito.

Tras su llegada a escena, Juana convirtió efectivamente el prolongado conflicto anglo-francés en una guerra religiosa, un nuevo rumbo que no estaba exento de riesgos. A los consejeros de Carlos les preocupaba que si no se demostraba fuera de toda duda la ortodoxia de

Juana, que no era una hereje o una hechicera, los enemigos del delfín podrían fácilmente alegar que su corona era un regalo del diablo.

Para evitar esta posibilidad, el delfín ordenó investigar sus antecedentes y un examen teológico en Poitiers para verificar su moralidad y asegurar su ortodoxia. En abril de 1429, la comisión de investigación la declaró como «una chica de vida irreprochable, una buena cristiana, poseída de las virtudes de la humildad, la honestidad y la sencillez». Los teólogos de Poitiers no tomaron una decisión sobre el tema de sus inspiraciones divinas, pero concordaron en que enviarla a Orleans podría ser de utilidad al rey y demostraría si su inspiración era de origen divino. Informaron al delfín que había una «presunción favorable» sobre la naturaleza divina de su misión. Esto convenció a Carlos, pero también declararon que tenía la obligación de poner a prueba a Juana. Así, afirmaron que «dudar de ella o abandonarla sin sospechar del mal sería repudiar al Espíritu Santo y ser indigno de la ayuda de Dios». Recomendaron que las afirmaciones de la campesina se corroboraron viendo si podía levantar el asedio de Orleans como había predicho.

Luego fue enviada a Tours, donde fue examinada físicamente por un grupo de mujeres lideradas por la suegra de Carlos, Yolanda de Aragón, quienes verificaron su virginidad. Tras los exámenes, el delfín comisionó una armadura de plata para ella, recibió un estandarte que diseñó ella misma, y le llevaron una espada que se encontraba bajo el altar de la iglesia de Sainte-Catherine-de-Fierbois. Alrededor de este tiempo, Juana empezó a llamarse a sí misma «Jeanne la Pucelle» (Juana la doncella), enfatizando su virginidad, que era una señal de su misión.

Antes de la llegada de Juana a Chinon, la situación estratégica del bando Armagnac era mala pero no desesperada. Las tropas Armagnac estaban preparadas a sobrevivir en un sitio prolongado en Orleans. Los borgoñones se habían retirado recientemente del asedio a raíz de desacuerdos sobre el territorio, y los ingleses tenían dudas respecto a continuarlo. Con todo, la moral de los líderes Armagnac estaba cayendo y perdían las esperanzas.

Antes de que se uniera al asedio, Juana había dictado una carta al Duque de Bedford advirtiéndole que iba enviada por Dios para expulsarlo de Francia. En la última semana de abril, Juana partió desde Blois como parte de un ejército cargado de suministros para ayudar a Orleans. El efecto de la presencia de Juana en la moral del ejército Armagnac fue inmediata.

. . .

Juana llegó a la ciudad sitiada de Orleans el 29 de abril de 1429, reuniéndose con el comandante Juan de Dunois, cabeza de la familia ducal de Orleans en nombre de su medio hermano cautivo. En tanto Orleans no estaba completamente aislada, Dunois fue capaz de hacerla entrar en la ciudad, donde fue recibida con gran entusiasmo. Juana fue tratada inicialmente como meramente una figura para subir la moral, alzando su estandarte en el campo de batalla.

No se le dio ninguna orden formal y fue excluida de los consejos de guerra, y no se le informaba cuando el ejército se enfrentaba al enemigo.

Sin embargo, Juana se ganó rápidamente la fe de las tropas Armagnac, quienes creían que les podía llevar a la victoria. Con el tiempo, algunos de los comandantes Armagnac empezaron a aceptar su consejo. Así, la decisión de Dunois de excluirla no impidió su presencia en la mayoría de los consejos y batallas.

Trivialidades

· · ·

Los franceses temían a los arqueros ingleses. Podían disparar una lluvia de miles de flechas cada minuto sobre las tropas francesas e infligir muchos daños.

La Peste Negra fue una de las razones por las que la guerra se detuvo por un tiempo porque mucha gente estaba enferma y muriendo a causa de la enfermedad.

En realidad, la guerra duró unos ciento dieciséis años.

5

La Peste Negra

LA MUERTE negra

La Peste Negra (Placa Bubónica) fue una enfermedad que se propagó muy rápidamente por toda Europa. Comenzó en 1347 y finalmente terminó en 1350. Si contraía esta enfermedad, no había cura conocida.

Nadie sabe con certeza dónde comenzó, pero los historiadores creen que fue en Asia. Fue traído a Europa por pulgas que vivían en ratas. Los marineros eran probablemente transportistas, al igual que los comerciantes que viajaban por la Ruta de la Seda desde Asia a Europa.

. . .

La vida en la Edad Media no incluía antibióticos y los médicos tenían un conocimiento limitado de las causas de las enfermedades.

La peste negra se propagó a través de la ignorancia y, cuando finalmente se extinguió, había matado a casi un tercio de la población de Europa.

Debido a la enorme cantidad de muertos, hubo que enterrarlos en fosas comunales. Esta enfermedad acabó con pueblos y ciudades enteras, y nadie podía hacer nada.

Trivialidades

Los religiosos pensaban que la Peste Negra era un castigo de Dios.

Los expertos creen que casi doscientos millones de personas fueron asesinadas por la enfermedad.

6

Aspectos Importantes De La Edad Media

La religión en la Edad Media

Catedral de Canterbury

La Iglesia Católica fue el centro de la vida europea en la Edad Media. La gente iba a la iglesia a rezar y también a casarse. Cuando murieron, fueron enterrados en el cementerio de la iglesia.

Debido a que la gente pagó dinero a la iglesia en una especie de impuesto llamado diezmo, la iglesia se volvió extremadamente rica y poderosa. En la Edad del Oscurantismo, la gente pagaba a la iglesia por todo, incluido el matrimonio, la comunión y el bautismo. Incluso pagaban a la iglesia cuando hacían una confesión. Ellos pagaron una penitencia por sus pecados.

A la cabeza de la Iglesia Católica estaba el Papa. Debajo del Papa estaban los cardenales, luego los obispos y los abades. En el fondo estaban los sacerdotes. Se construyeron un gran número de iglesias y catedrales durante este período. Serían los más grandes edificios en el área y fueron creados para inspirar miedo y asombro ante el tamaño de la estructura. Muchas de las catedrales tardaron décadas en terminarse. Algunos tomaron cientos de años para completar.

El cristianismo fue la religión europea dominante durante la Edad Media. Las religiones paganas también existían. Los vikingos adoraban a Thor, pero muchos más tarde se convirtieron al cristianismo.

La religión musulmana tuvo una gran influencia en España tras la conquista de la Península Ibérica por los moros. Los judíos vivían en toda Europa y practicaban su religión.

Tomás Becket

. . .

Un capítulo oscuro en la historia de la catedral fue la decapitación de Thomas Becket en la esquina nordeste del interior del complejo el domingo, 29 de diciembre de 1170 por parte de unos guardias que oyeron por casualidad al rey Enrique II de Inglaterra diciendo

«¿Quién me librará de este sacerdote indiscreto?» después de que tuvo un enfrentamiento con Becket. Los guardias tomaron las palabras del rey literalmente y asesinaron a Becket en su propia Catedral. Becket sería el segundo de cuatro arzobispos de Canterbury que fueron asesinados.

Después del desastroso incendio de 1174, que destruyó el extremo oriente de la catedral durante la gestión de Ricardo de Dover, Guillermo de Sens reconstruyó el lugar con un diseño mucho más moderno, Gótico, incluyendo altos arcos puntiagudos, arbotantes, con acentuación de las líneas verticales de los altos pilares y agujas en el exterior para crear alturas mayores en el interior. Más tarde, Guillermo el Inglés añadió la Capilla de la Trinidad como un lugar santo para las reliquias de Santo Tomás el Mártir. Con el tiempo otros entierros importantes se llevaron a cabo en este lugar, como el de Eduardo Plantagenet (el Príncipe Negro) y el Rey Enrique IV de Inglaterra. La Torre Corona (nombre original) fue construida en el extremo este para que contuviera la reliquia de la cabeza de Santo Tomás que le fue cercenada en su asesinato.

Los ingresos obtenidos por parte de los peregrinos (que incluyeron a personajes como Geoffrey Chaucer, autor de Los cuentos de Canterbury) quienes visitaban el santuario de Becket, considerado como un lugar de curación, pagaron en gran medida por todas las reconstrucciones subsecuentes de la Catedral y de sus edificios aledaños.

Trivialidades

En la Edad Media, la iglesia cuidaba de los pobres.

Los constructores de este período a menudo dedicaban toda su vida construyendo una catedral.

Los obispos eran personas influyentes y algunos aconsejaban al rey.

La Vida En La Edad Media

Más GENTE VIVÍA en el campo que en las ciudades, y la mayoría trabajaba la tierra. El señor local era el jefe de cada comunidad, y los campesinos eran sus trabajadores. Los cultivos que crecieron durante este período fueron avena, trigo y cebada.

La mayoría de la gente tenía pequeños jardines donde cultivaban frutas y verduras. Algunos tenían animales como vacas y gallinas.

En las ciudades, la vida era tan dura como en el campo y los habitantes de las ciudades vivían en condiciones de hacinamiento y suciedad. El saneamiento era terrible y las calles estaban llenas de escombros.

· · ·

Aunque la gente rica vivía en castillos, la mayoría de la gente vivía en casas pequeñas. Todos dormían en la misma habitación, y a menudo también vivían animales en la casa.

La alimentación en la Edad Media era muy básica para los campesinos. Usaron verduras como repollo, guisantes y frijoles para hacer estofado. Los productos como la carne, los huevos y el queso se consideraban artículos de lujo. Los campesinos no iban a la escuela pero eran enseñados por sus padres cómo trabajar la tierra. La lectura y la escritura eran habilidades para los ricos.

La iglesia tenía algunas escuelas, pero a los estudiantes se les enseñaba a leer y escribir en latín.

Fue en la época medieval cuando asistimos al nacimiento de las universidades. Aquí, los estudiantes estudiarían materias como astronomía o matemáticas y escritura.

Algunas personas aprendieron oficios como tejer, hacer zapatos, hacer velas y hornear. Estos eran conocidos como gremios artesanales. Los jóvenes empezarían como aprendices y luego como comerciantes. En la Edad Media había más de cien gremios diferentes.

Trivialidades

Las chicas se casaban a los doce años y los chicos a los catorce.

El pan tenía arenilla dentro de las piedras de molino. Esto le causó serios problemas estomacales y dentales.

En este período, los médicos 'sangraban a los pacientes' para deshacerse de la maldad dentro de sus cuerpos. Ponen animales llamados sanguijuelas en la piel para hacer esto.

Como el agua estaba tan sucia, todo el mundo bebía cerveza. Los matrimonios concertados entre familias nobles eran muy comunes en toda Europa.

La carta magna

. . .

La Carta Magna fue un documento fundamental de la democracia. Fue firmado por el rey Juan de Inglaterra en 1215 después de que los barones se rebelaran contra los altos impuestos. La Carta Magna admitió por primera vez que incluso el Rey de la tierra estaba sujeto a sus reglas y leyes. Los historiadores consideran la Carta Magna como uno de los documentos más importantes sobre la democracia jamás elaborados.

Juan fue coronado rey en 1199 después de que su hermano Ricardo muriera sin heredero.

Debido a la guerra con Francia, los impuestos en Inglaterra eran muy duros y muchas personas comenzaron a enojarse.

En 1215, los barones del norte del país marcharon sobre Londres y obligaron a John a hablar con ellos. Más tarde firmó la Carta Magna en Runnymede, que es un suburbio de la ciudad.

La Carta Magna establecía que John actuaría de manera más razonable y los barones se irían de Londres.

· · ·

Poco después, John dijo que la Carta Magna era ilegal. Los barones no se habían ido de Londres porque no confiaban en John y parecía que la guerra civil estaba a punto de comenzar. El líder del barón era Robert Fitzwalter, y lo apoyaban tropas de Francia.

La Primera Guerra de los Barones duró unos doce meses y terminó porque el rey Juan murió en 1216.

La carta magna

El documento tenía sesenta y tres cláusulas.

El poder del Rey estaría sujeto al acuerdo de un consejo compuesto por veinticinco barones.

Algunas de las ideas contenidas en el documento fueron utilizadas cuando se estaba elaborando la Declaración de Derechos de los Estados Unidos.

Trivialidades

. . .

El significado de la Carta Magna es 'Gran Carta' está escrito en latin. El consejo de veinticinco barones finalmente se convirtió en el Parlamento inglés.

Actividades De La Edad Media

ENTRETENIMIENTO en la Edad Media

Al igual que hacemos hoy, a la gente de la época medieval le gustaba divertirse. Les encantaba tener eventos especiales como fiestas y banquetes y disfrutaban haciendo deporte.

Había ocasiones especiales, que la gente celebraba con un merecido día libre. Los días de celebración seguían el calendario cristiano e incluían Navidad, Semana Santa y Santos.

En estas ocasiones, todos celebraban con fiestas, carnavales y ferias. La gente de la comunidad se reunía y bailaba con música, jugaba y comía. Esto sucedió en toda Europa.

La caza

La caza era estrictamente para los ricos y la nobleza.

Ellos se reunirían a caballo y cazarían animales salvajes como ciervos y jabalíes. Los nobles también usarían pájaros entrenados como halcones para ayudarlos a cazar. Lo que era capturado siempre se comía.

La música en la Edad Media

Se tocó música para contar historias y bailar. Los instrumentos utilizados incluían tambores, flautas, violines, arpas, laúdes y gaitas. En los días anteriores a las bandas de rock y MTV, era deber de los trovadores viajar de pueblo en pueblo, tocando canciones y contando cuentos. Algunos trovadores fueron invitados a tocar ante los reyes de Europa.

Eran las celebridades de la Sociedad Medieval.

· · ·

Juegos medievales y deporte

Los nobles jugaban al ajedrez. Este era originalmente persa y llegó a Gran Bretaña en el siglo IX. Los campesinos jugaban juegos menos intelectuales como cartas, dados y damas.

Las carreras de caballos también eran muy populares. En toda Europa se practicaban deportes como el tiro con arco, las justas y la lucha libre.

Trivialidades

En las iglesias, los monjes cantaban canciones de alabanza a Dios. Muchos trovadores viajaban con acróbatas y malabaristas. El fútbol se jugaba en Europa pero se llamaba Gameball.

A diferencia de hoy, no había reglas. Bailar alrededor del Polo de Mayo para celebrar el comienzo de la primavera era un evento muy importante en los pueblos.

Personajes Famosos De La Época Medieval

Leif Eriksson

Leif Erikson (en nórdico antiguo Leifr Eiríksson), apodado El afortunado (Leifur heppni) (c. 970-c. 1020), fue un explorador nórdico considerado como uno de los primeros europeos que llegó a América del Norte.

Se cree que fue el primer europeo en pisar América del Norte continental, aproximadamente medio milenio antes de Cristóbal Colón. Según las sagas de los islandeses, estableció una asentamiento nórdico en Vinland, que generalmente se interpreta como la costa de América del Norte.

. . .

Existe una especulación continua sobre que el asentamiento realizado por Leif y su tripulación corresponde a los restos de un asentamiento nórdico encontrado en Terranova, Canadá, llamado L'Anse aux Meadows, que fue ocupado hace 1000 años (las estimaciones de datación del carbono son entre 990–1050 CE), sin embargo el contenido que narran las sagas de los islandeses (que describen un asentamiento permanente en Vinland) se contradice con los yacimientos arqueológicos, las evidencias encontradas en el sitio apuntan a que se trataba de un asentamiento temporal.

En 1929, la Cámara Legislativa de Wisconsin aprobó un proyecto de ley para hacer del 9 de octubre el «Día de Leif Erikson» en el estado. En 1964, el Congreso de los Estados Unidos autorizó y pidió al presidente que proclamara el 9 de octubre de cada año como «Día de Leif Erikson».

Leif fue el segundo de los hijos del explorador noruego Erik el Rojo (que en 985 fundó el primer asentamiento vikingo en Groenlandia, poco después de haber sido exiliado de Islandia) y de su esposa Theodhild, y el nieto de Thorvald Asvaldsson. Su año de nacimiento se suele fechar en torno al 970. A pesar de que su lugar de nacimiento no esté referenciado en las sagas, es probable que naciera en Islandia, donde se conocieron sus padres, posiblemente en algún lugar a las afueras de Breiðafjörður y probablemente en la granja donde la familia de Theodhild pudo haberse establecido. Leif tuvo dos hermanos cuyos nombres eran Thorsteinn y Thorvald, y una hermana, Freydís.

Thorvald Asvaldsson fue desterrado de Noruega por homicidio y se exilió en Islandia acompañado por el joven Erik. Cuando el propio Erik fue desterrado de Islandia viajó hacia el oeste a una tierra a la que llamó Groenlandia donde estableció el primer asentamiento permanente en el año 986. A Tyrker, uno de los esclavos de Erik, le fue confiado especialmente el cuidado de los hijos de Erik. De este modo Leif se referirá a él como su padre adoptivo.

A Erikson se le atribuye la cristianización de Groenlandia, pero el profesor Jón Jóhannesson demostró que la misión evangelizadora nunca tuvo lugar y que fue un invento de finales del siglo xii, obra del monje Gunnlaugr Leifsson. El argumento es algo intrincado, pero en resumen se orienta a la cantidad de presuntos países que fueron «convertidos» por Olaf Tryggvason en apenas cinco años de reinado.

. . .

En 999 visitó Noruega y fue bautizado bajo amparo del rey Olaf Tryggvason, pasando el invierno con él. Alrededor del año 1000, guiado por los relatos del comerciante Bjarni Herjólfsson, se dirigió hacia el oeste y pasó un invierno en una tierra a la que denominó Vinland y que describió como abundante en salmones y pastizales. Su campamento constituiría el primer asentamiento europeo en América, sin que esto constituya un "descubrimiento" hecho que exigiría el conocimiento por parte Vikinga de que estaban en un continente distinto y un posterior ejercicio de divulgación de ese saber, quinientos años antes que Cristóbal Colón.

Es probable que los vikingos se hayan aprovisionado de madera en la costa noreste canadiense (en Groenlandia no hay bosques) hasta mediados del siglo XIV.

Su hermano Thorvald Eriksson fue el primer europeo en tener contacto con amerindios, y también su primera víctima. El campamento, Leifsbúðir, estaba ubicado en el extremo norte de la isla de Terranova, posiblemente en el lugar conocido actualmente como L'Anse aux Meadows y duró solo unos años antes de ser abandonado. Esto probablemente se debió al clima, a problemas internos y sobre todo a los enfrentamientos con los nativos (que los vikingos llamaban presumiblemente skrælingjar).

Las sagas solo mencionan una relación con una mujer de las Hébridas llamada Þórgunna, quien concibió un hijo considerado ilegítimo, Þorgils Leifsson (n. 1000).

Alfredo el Grande

Alfredo el Grande, fue rey de Wessex desde 871 hasta su muerte. Se hizo célebre por defender su reino contra los vikingos, convirtiéndose como resultado de esto en el único rey de su dinastía en ser llamado «El Grande» o Magno por su pueblo. Fue también el primer rey de Wessex que se autoproclamó rey de los anglosajones. Su vida se conoce gracias a Asser, cronista galés.

Hombre culto y letrado, ayudó mucho a la educación y a mejorar el sistema de leyes de su reino. Si bien no ha sido canonizado por la iglesia católica (y no es mencionado por el elenco oficial de santos de la Iglesia católica, el Martirologio romano), fue considerado santo con su fiesta el 26 de octubre.

Si bien Alfredo era un cristiano devoto, también mostró respeto por las creencias de los vikingos, siendo estas las mismas que habían tenido los anglosajones antes de cristianizarse, enorgulleciéndose de ser descendiente del mismísimo Odín (Woden en anglosajón), rey de los dioses de los vikingos, siendo considerado el fundador de la Casa de Wessex: Alfredo era hijo de Ethelwulf, que era hijo de Egbert, que era hijo de Elmund, que era hijo de Eafa, que era hijo de Eoppa, que era hijo de Ingild, que era hijo de Coenred, que era hijo de Ceolwald, que era hijo de Cudam, que era hijo de Cuthwin, que era hijo de Ceawlin, que era hijo de Cynric, que era hijo de Creoda, que era hijo de Cerdic, que era hijo de Elesa, que era hijo de Gewis, que era hijo de Brond, que era hijo de Beldeg, que era hijo de Woden.

En 869, luchando al lado de su hermano Etelredo, hizo una tentativa fracasada de aliviar a Mercia de la presión de los daneses. Durante casi dos años Wessex disfrutó de una tregua. Pero a finales de 870 se reanudan las hostilidades, y el año siguiente sería conocido como el «año de las batallas de Alfredo».

Nueve batallas se libraron con variada fortuna, aunque el lugar y la fecha de dos de ellas no se han registrado. Una escaramuza acertada en la batalla de Englefield (en Berkshire, 31 de diciembre de 870) fue seguida por una derrota severa en la batalla de Reading (4 de enero de 871), para, cuatro días más tarde, lograr una brillante victoria en la batalla de Ashdown, cerca de Compton Beauchamp, en Shrivenham Hundred.

. . .

El 22 de enero de 871, los daneses derrotaron de nuevo a los anglosajones en Basing, y el 23 de abril del mismo año en Marton (Wiltshire), donde muere el rey Etelredo I; las dos batallas no identificadas quizás ocurrieron en el intervalo entre ambas.

Habiendo muerto Etelredo I en batalla, Alfredo sube al fin al trono de Wessex y es coronado en Kingston upon Thames el mismo día.

Mientras estaba ocupado con el entierro y las ceremonias fúnebres de su hermano, los daneses derrotaron al ejército anglosajón en su ausencia en un lugar desconocido, y una vez más en su presencia, en Wilton en el mes de mayo.

Después de que fuera firmada la paz, y que por los siguientes cinco años ocuparan los daneses otras partes de Inglaterra, Alfredo se vio obligado a no realizar nuevas acciones que no fueran más allá de la observación y protección de la frontera. Las cosas cambiarán en 876, cuando los daneses, bajo un nuevo líder, Guthrum, regresan al reino y atacan Wareham. De allí, a comienzos de 877 y bajo el pretexto de negociaciones, incursionaron hacia el oeste y tomaron Exeter. Aquí Alfredo los bloqueó, y gracias a que la flota danesa no llegó tras ser dispersada por una tormenta, los vikingos tuvieron que someterse y retirarse a Mercia. En enero de 878 los daneses volvieron a la lucha e hicieron un ataque repentino en Chippenham, una plaza fuerte que Alfredo había estado manteniendo desde Navidad, «y la mayoría de la gente fue capturada, excepto el rey Alfred, que con una pequeña tropa reunida por sí mismo logró huir... por el bosque y el pantano, y después de Pascua... construyó una fortaleza en Athelney, y desde esa fortaleza comenzó a luchar contra el enemigo» (crónica).

Una leyenda dice cómo, disfrazado como un fugitivo en los pantanos de Athelney, en Petherton, al norte de Somerset, después de la primera invasión danesa, fue visto por una campesina y ella le dio abrigo, ignorante de su identidad, y le permitió que la ayudara a hacer algunas tortas que había dejado cocinar en el fuego mientras iba a hacer otros quehaceres. Preocupado con los problemas del reino, Alfredo dejó que las tortas se quemaran y fue golpeado por la mujer cuando volvió. Una vez expuesta la identidad del rey, la mujer se disculpó profusamente, pero Alfredo insistió en que él era el que debería disculparse.

. . .

Toda esta historia de que Alfredo, durante su retiro en Athelney, saliera a la vista como un fugitivo y ayudara a una mujer a cocinar unas tortas, es probablemente falsa. En realidad él estaba organizando la resistencia. Al mismo tiempo, otras leyendas lo suponen disfrazado como arpista para entrar al campo de Guthrum y descubrir sus planes.

A mediados de mayo de 878, los preparativos estaban listos y Alfredo se marchó de Athelney. En el camino se reunió con las fuerzas militares de Somerset, Wiltshire y Hampshire. Los daneses, por su lado, salieron de Chippenham y los dos ejércitos se enfrentaron en la batalla de Edington, en Wiltshire. El resultado fue una victoria decisiva para Alfredo. Los daneses fueron sometidos. Guthrum, el rey danés, y 29 de sus principales hombres se dejaron bautizar.

Como resultado de esto, Inglaterra se dividió en dos tierras, la mitad al sudoeste en manos de los sajones y la mitad nororiental que se conocería ahora como el Danelaw. Al año siguiente (879) no solamente Wessex, sino también Mercia, al oeste de Watling Street, estaba libre del invasor. Este es el arreglo conocido por los historiadores como la paz de Wedmore (878), aunque no hay documento alguno que pruebe su existencia.

· · ·

Una vez terminada la lucha con los daneses, Alfredo se concentró en reforzar la marina real con diversas embarcaciones construidas de acuerdo al gusto del rey.

También decidió reconstruir la organización civil, gravemente dañada durante la invasión danesa, favoreciendo a los desamparados y ganándose el título de «Protector del Pobre» (Asser).

Asser también habla de manera grandiosa acerca de las relaciones de Alfredo con potencias extranjeras, aunque no hay mucha información disponible a este respecto. Él ciertamente sostuvo correspondencia con Elías III, patriarca de Jerusalén, y envió probablemente una misión a la India. Las embajadas a Roma que aseguraban la salvación de las almas anglosajonas al papa eran bastante frecuentes; mientras que el interés de Alfredo en países extranjeros se demuestra por las inserciones que él hizo en su traducción de Orosio.

Alrededor del año 890, Wulfstan de Haithabu emprendió un viaje de Haithabu en Jutlandia a lo largo del mar Báltico a la ciudad prusiana de Truso. Wulfstan dio detalles de su viaje a Alfredo.

Sus relaciones con los príncipes célticos en la mitad meridional de la isla están más claras. Comparativamente temprano en su reinado los príncipes de Gales, debido a la presión en ellas de Gales del norte y de Mercia, se acogieron a la protección de Alfredo. Más adelante Gales del norte siguió su ejemplo, y cooperó con el rey anglosajón en la campaña de 893 y 894.

Que Alfredo enviará irlandeses a monasterios europeos se puede aceptar por la autoridad de Asser; la visita de tres peregrinos «escotos» (es decir, irlandeses) a Alfredo en 891 es indudablemente auténtica; la historia de que él mismo en su niñez fue enviado a Irlanda a que se curara por St. Modwenna, aunque mítica, puede demostrar el interés del rey en esa isla.

Murió en Winchester, el 26 de octubre de 899, a los 50 años de edad, y fue sepultado en la abadía de Newminster, pero luego lo trasladaron a la abadía de Hyde, en Winchester.

Marco Polo

Existen discrepancias entre los historiadores sobre el hecho de que Marco Polo haya realizado efectivamente los viajes que se le atribuyen, en particular aquellos que lo ubican en Mongolia y China, de los que proviene su celebridad.

Según los relatos, Marco Polo nació y aprendió a comerciar en Venecia (República de Venecia) mientras su padre Niccolò Polo y su tío Maffeo Polo, viajaban por Asia donde habrían conocido a Kublai Kan. En 1269 ambos regresaron a Venecia y vieron por primera vez a Marco, llevándolo con ellos, según los relatos, en un nuevo viaje comercial a Asia, en el que habrían visitado Armenia, Persia y Afganistán, recorriendo toda la Ruta de la Seda, hasta llegar a Mongolia y China. Las narraciones afirman que Marco Polo permaneció 23 años al servicio de Kublai Kan, emperador de Mongolia y China, llegando a ser gobernador durante tres años de la ciudad china de Yangzhou y volviendo a Venecia en 1295.

En 1295 Venecia estaba en guerra con su rival, la República de Génova. En el transcurso del conflicto Marco fue capturado y encarcelado por los genoveses. Fue en esa situación que en 1298, durante su período en la cárcel, conoció al escritor Rustichello de Pisa, a quien relató sus fabulosos viajes, que fueron el tema del libro conocido en principio como Le divisament du monde, Livre des merveilles du monde, o Il Milione. Fue liberado en 1299, Marco Polo se convirtió en un rico mercader y miembro del Gran Consejo de la República de Venecia. Murió en 1324 y lo enterraron en la iglesia de San Lorenzo de su ciudad. El relato de sus viajes, inspiró, entre otros, a Cristóbal Colón que poseía un ejemplar del libro cuidadosamente anotado.

En la época de Marco Polo, el comercio en Europa seguía un sistema triangular, en el que los productos de lujo procedentes de Oriente (seda, especias) ocupaban un lugar importante. Estos, en la conocida como ruta de la seda atravesaba Asia Central y las tierras controladas por los sarracenos, después de lo cual los compraban comerciantes italianos (venecianos, genoveses, pisanos...), que obtenían grandes beneficios revendiéndolos en Europa.

A causa de ello, Venecia y otros puertos italianos ganaron importancia y comenzaron una política comercial agresiva para explotar estas rutas comerciales.

Durante la Baja Edad Media, la República de Venecia comenzó a convertirse en una potencia mediterránea. Al control del interior y de la costa de Dalmacia, se unió una extensa actividad mercantil con Oriente, que le llevó a establecer consulados y colonias de comerciantes por todo el Mediterráneo Oriental. Apoyó a los cruzados como manera de contrarrestar al islam y mantuvo un largo conflicto con Génova por el predominio comercial.

Durante la Cuarta Cruzada, por sugerencia veneciana, los cruzados saquearon Constantinopla, decapitando el Imperio bizantino y conquistando numerosos territorios. Aunque el subsiguiente Imperio latino fue pronto reconquistado por los bizantinos, Venecia siguió controlando varias islas y ciudades, y se convirtió en una de las principales potencias mercantiles.

El Imperio mongol fue instituido por Genghis Kan en 1206. Tras largas luchas internas, unificó a las diversas tribus mongolas bajo su mando, involucrándolas en una expansión que les llevaría a conquistar China, Asia Central, Rusia y llegar hasta Irak, Siria y Anatolia. También les llevaría a la incursión de Europa central y del resto de la Europa Oriental para poder consolidar la conquista de Rusia.

Así llegaron, entre otros sitios, temporalmente a Dalmacia, que estaba controlada por Venecia, lo que puso a los venecianos por primera vez en contacto directo con los mongoles.

. . .

A su muerte le sucedió su hijo Ogodei, quien continuó con esta expansión y consolidó la jerarquía del Gran Kan sobre los diversos reinos mongoles. En tiempos de Marco Polo este Gran Kan era Kublai Kan.

El conocimiento europeo de Oriente

El mundo conocido por los europeos no iba mucho más allá del actual Oriente Medio. Las pocas noticias que se tenían de lo que estaba más allá eran generalmente confusas y muy mitificadas. Es de destacar la leyenda del Preste Juan, un mítico rey cristiano que se suponía existía rodeado de infieles en Asia Central. Los intercambios comerciales se encontraban casi siempre mediatizados por persas y árabes.

La expansión del Imperio mongol les llevó a las mismas puertas de Europa tras atravesar las estepas rusas y amenazar Polonia, aunque pronto se retiraron. Más al sur, sin embargo, los mongoles saquearon Bagdad (Irak) y sometieron a reinos musulmanes que se habían enfrentado en las cruzadas con los cristianos.

Es así como se despierta el interés por los mongoles en Europa. A la curiosidad por esos bárbaros, tenidos hasta entonces como seres casi mitológicos, se le suma en lo político la posibilidad de obtener un aliado contra el enemigo islámico, una forma más ventajosa de negociar con Oriente en lo económico, y un deseo evangelizador, dada la gran tolerancia religiosa de los mongoles.

Antes de Marco Polo, varios misioneros, como Giovanni da Pian del Carpine, viajaron como embajadores a Oriente, aunque sin conseguir resultados concretos. Se hace referencia a los contactos entre romanos y el Imperio chino, pero este también estableció contacto con los romanos con anterioridad a la Ruta de la Seda. Uno de los primeros contactos que tuvo China con Roma fue cuando el emperador Ban Chao hizo una campaña contra los nómadas de Asia Central y envió a uno de sus colaboradores, Ga Yin, que viajó hacia occidente visitando los establecimientos comerciales romanos de la costa oriental del Mar Negro. Por tanto, el contacto entre Roma y China era recíproco, pese a que Roma tenía más información sobre China gracias a la multitud de viajes que se habían hecho hacia aquella zona.

La elección del nuevo papa se retrasaba (acabaría siendo la más prolongada de la historia) así que Niccolò y Matteo iniciaron el viaje de regreso a la corte de

Kublai Kan en 1271, pero esta vez acompañados por Marco, que ya tenía diecisiete años.

Llegaron a Acre, donde se encontraron de nuevo con Tedaldo Visconti, que quizá estaba allí en relación con la cruzada en la que estaba embarcado el futuro rey Eduardo I de Inglaterra. Tras desviarse a Jerusalén para hacerse con el aceite de la lámpara del Santo Sepulcro, siguieron viaje hasta Ayas donde se enteraron de que la elección papal había recaído precisamente en Tedaldo Visconti, que adoptó el nombre de Gregorio X. Regresaron de inmediato a Acre, en una galera facilitada por el rey León III de Armenia Menor, donde Visconti les facilitó nuevas credenciales además de hacer que les acompañaran dos frailes dominicos, aunque estos pronto abandonaron el largo viaje.

Marco pronto se ganó el favor de Kublai Kan, quien le hizo su consejero y emisario durante diecisiete años. Gracias a ello llegó a conocer las vastas regiones de China y los numerosos logros de la civilización china, muchos de los cuales eran más avanzados que los contemporáneos europeos.

Cuando una embajada del rey de Persia le solicita a Kublai Kan una princesa para el rey, los Polo la acompañan, decidiendo regresar a Venecia.

· · ·

Aunque los Polo no fueron en forma alguna los primeros europeos en llegar a China por tierra (considérese por ejemplo a Juan de Plano Carpini así como la única delegación romana que partió a la China con objeto de establecer relaciones diplomáticas entre Roma y China), gracias al libro de Marco, su viaje fue el primero en conocerse ampliamente y el mejor documentado hasta entonces. Finalmente también fue Marco Polo el que más lejos viajó gracias a las circunstancias de su tiempo y, gracias a ello, Europa empezó a conocer a través del libro lugares que no se conocieron antes como Japón, Indonesia e Indochina.

La leyenda cuenta que Marco Polo introdujo en Italia algunos productos de China, entre ellos los helados, la piñata y la pasta, especialmente los espaguetis. Sin embargo, esta leyenda está muy cuestionada. Por ejemplo, hay pruebas de que la pasta era conocida en Grecia e Italia desde la antigüedad. En la España árabe hay referencias escritas acerca de los fideos (llamados entonces aletría) desde el siglo XII.

El libro escrito por Marco Polo, a pesar de que muchas de sus aseveraciones, en su época, se pusieron en duda, inspiró a muchos viajeros y exploradores. El mismo Cristóbal Colón tenía una copia, con anotaciones manuscritas suyas en los márgenes, que todavía se conserva.

San Francisco de Asís

San Francisco nació en la ciudad montañosa de Asís (Italia) en 1181. Era un fraile católico. Es famoso por ser el fundador de la Orden Franciscana de Monjes.

La Orden Franciscana creció en popularidad a lo largo de la Edad Media. Los hombres harían voto de pobreza. Esto significaba que tenían que vivir sin dinero. Murió en 1226 y fue declarado santo dos años después, por la Iglesia Católica.

En el Siglo XII hubo cambios fundamentales en la sociedad de la época: el comienzo de las Cruzadas y el incremento demográfico, entre otros motivos, influyeron en el incremento del comercio y el desarrollo de las ciudades. La economía seguía teniendo su base fundamental en el campo dominado por el modo de producción feudal, pero los excedentes de su producción se canalizaron con mayor dinamismo que en la Alta Edad Media. Aunque todavía no se estaba produciendo una clara transición del feudalismo al capitalismo y los estamentos privilegiados (nobleza y clero) seguían siendo los dominantes, como lo fueron hasta la Edad Contemporánea, los burgueses (artesanos, mercaderes, profesionales liberales y hombres de negocios) comenzaban a tener posibilidades de ascenso social, y el comercio y la banca crecían dominados por el constante afán de lucro. La Iglesia católica, protagonista de ese tiempo, también se vio influida por la nueva riqueza: no eran pocas las críticas a algunos de sus ministros que se preocupaban más por el crecimiento patrimonial y sus relaciones políticas de conveniencia.

Debido a ello, diversos movimientos religiosos surgieron en rechazo a la creciente opulencia de la jerarquía eclesiástica en esa época, o se dedicaron a vivir más de acuerdo con los postulados de una vida pobre y evangélica. Algunos de ellos medraron afuera de la institución y vivieron a su manera; tales movimientos fueron condenados hasta el punto de considerarlos herejes, como el caso de los cátaros que predicaban entre otras cosas el rechazo al mundo material, a los sacramentos, a las imágenes y a la cruz. En cambio, otras organizaciones, como las creadas por san Francisco de Asís y santo Domingo de Guzmán, nacieron bajo sumisión a la autoridad católica y sus miembros fueron conocidos con el nombre genérico de monjes mendicantes. Este movimiento extremó la práctica del voto de pobreza: sus miembros ya no vivían del trabajo de las tierras como el Císter reformado por san Bernardo de Claraval, sino que renunciaban incluso a poseer bienes propios. Así, las órdenes mendicantes terminaron por desempeñar un papel de primer orden en la vida de la Iglesia, al lograr que la mayoría de los católicos se alejara de la búsqueda de la opulencia, algo que se tornaría en el Siglo XIV.

Francisco de Asís nació con el nombre de Giovanni. Fue hijo de Pietro Bernardone dei Moriconi y la noble provenzal Joanna Pica de Bourlémont; tuvo al menos un hermano más, de nombre Angelo. Su padre era un próspero comerciante de telas que formaba parte de la burguesía de Asís y que viajaba constantemente a Francia a las ferias locales.

Entre algunas versiones, fue la afición a esta tierra por lo que su padre lo apodó después como Francesco o el francesito; también es probable que el pequeño fuera conocido más adelante de este modo por su afición a la lengua francesa y los cantos de los trovadores.

Francisco recibió la educación regular de la época, en la que aprendió latín. De joven se caracterizó por su vida despreocupada: no tenía reparos en hacer gastos cuando andaba en compañía de sus amigos, en sus correrías periódicas, ni en dar pródigas limosnas; como cualquier hijo de un potentado, tenía ambiciones de ser exitoso.

En sus años juveniles la ciudad ya estaba envuelta en conflictos para reclamar su autonomía del Sacro Imperio Romano Germánico. En 1197 lograron quitarse de encima la autoridad germánica, pero desde 1201 se enfrascaron en otra guerra contra Perusa (Perugia), apoyada por los nobles desterrados de Asís. En la batalla de Ponte San Giovanni, en noviembre de 1202, Francisco fue hecho prisionero y estuvo cautivo por lo menos un año.

Desde 1198 el pontificado se hallaba en conflicto con el Imperio, y Francisco formó parte del ejército papal bajo las órdenes de Gualterio de Brienne contra los germanos.

De acuerdo con los relatos, fue en un viaje a Apulia (1205) mientras marchaba a pelear, cuando durante la noche escuchó una voz que le recomendaba regresar a Asís.

Así lo hizo y volvió ante la sorpresa de quienes lo vieron, siempre jovial pero envuelto ahora en meditaciones solitarias.

. . .

Empezó a mostrar una conducta de desapego a lo terrenal. Un día en que se mostró en un estado de quietud y paz sus amigos le preguntaron si estaba pensando en casarse, a lo que él respondió: Estáis en lo correcto, pienso casarme, y la mujer con la que pienso comprometerme es tan noble, tan rica, tan buena, que ninguno de vosotros visteis otra igual.

Hasta ese momento todavía no sabía él mismo exactamente el camino que había de tomar de ahí en adelante; fue después de reflexiones y oraciones que supo que la dama a quien se refería era la pobreza.

El punto culminante de su transformación se dio cuando convivió con los leprosos, a quienes tiempo antes le parecía extremadamente amargo mirar. Se dedicó después a la reconstrucción de la capilla de San Damián. Según los relatos, lo hizo después de haber visto al crucifijo de esta iglesia decirle: Francisco, vete y repara mi iglesia, que se está cayendo en ruinas. Entonces decidió vender el caballo y las mercancías de su padre en Foligno, regresó a San Damián con lo ganado y se lo ofreció al sacerdote, pero este lo rechazó.

Su padre, al darse cuenta de la conducta de su hijo, fue enojado en su búsqueda, pero Francisco estaba escondido y no lo halló. Un mes después fue él mismo el que decidió encarar a su padre. En el camino a su casa, las personas con que se encontró lo recibieron mal y, creyéndolo un lunático, le lanzaron piedras y lodo.

Francisco ante las autoridades eclesiales

Su padre lo reprendió severamente, tanto que lo encadenó y lo encerró en un calabozo. Al ausentarse el airado padre por los negocios, la madre lo liberó de las cadenas. Cuando regresó, fue ella quien recibió las reprimendas del señor de la casa, y fue otra vez en búsqueda del muchacho a San Damián, pero Francisco se plantó con calma y le reafirmó que enfrentaría cualquier cosa por amor a Cristo. Pietro Bernardone, más preocupado por lo perdido de su patrimonio, acudió a las autoridades civiles a forzarlo a presentarse, pero el joven rehusó hacerlo con el argumento de no pertenecer ya a la jurisdicción civil, por lo que las autoridades dejaron el caso en manos de la Iglesia.

Francisco se sometió al llamado de la autoridad eclesial.

Ante el requerimiento de devolver el dinero frente a su padre y al obispo de Asís, de nombre Guido, no solo lo hizo, sino que se despojó de todas sus vestimentas ante los jueces, proclamando a Dios desde ese momento como su verdadero Padre. Ante esto, el obispo lo abrazó y le envolvió con su manto.

No se sabe con certeza cuántas iglesias en ruinas o deterioradas reconstruyó; entre ellas, la que más estima tenía era la capilla de la Porciúncula ("la partecita", llamada así porque estaba junto a una construcción mayor).

Allí fue donde recibió la revelación definitiva de su misión, probablemente el 24 de febrero de 1208, cuando escuchó estas palabras del Evangelio: No lleven monedero, ni bolsón, ni sandalias, ni se detengan a visitar a conocidos... (Lc., 10).

Así, cambió su afán de reconstruir las iglesias por la vida austera y la prédica del Evangelio. Después de someterse a las burlas de quienes lo veían vestido casi de trapos, ahora su mensaje era escuchado con atención, y al contrario de otros grupos reformadores de la época, el suyo no era un mensaje de descalificaciones ni anatemas.

. . .

En unos meses sus discípulos eran once: Bernardo di Quintavalle, Pedro Catani, Gil, Morico, Bárbaro, Sabatino, Bernardo Vigilante, Juan de San Constanzo, Angelo Tancredo, Felipe y Giovanni de la Capella.

Bajo la pobreza que Francisco predicaba y pedía, los frailes hacían sus labores diarias atendiendo leprosos, empleándose en faenas humildes para los monasterios y casas particulares, y trabajando para granjeros. Pero las necesidades cotidianas hacían la inevitable colecta de limosna, labor que Francisco alentaba con alegría por haber elegido el camino de la pobreza. Comenzó también la expansión del mensaje evangélico, y para ello los estimuló a viajar de dos en dos.

Audiencia ante el papa para la aprobación de la regla

Hacia abril o mayo de 1209, Francisco se decidió a presentarse ante el papa Inocencio III, para que le aprobara la primera regla de la Orden. Con ese fin, él y sus acompañantes emprendieron el viaje a Roma.

Fue bajo la intervención del obispo Guido de Asís como pudo tener audiencia con el papa. Este y ciertos cardenales objetaban el programa franciscano por el peligro de crear otra organización nueva, debido a los movimientos anticlericales de la época y a la falta de una mínima base material de la orden; pero bajo la influencia del cardenal Juan de San Pablo y su apoyo, Francisco pudo tener una nueva audiencia para que se considerara la aprobación de su hermandad de pobres.

El papa por fin aprobó la regla verbalmente, al convencerse de que la ayuda de un hombre como Francisco reforzaría la imagen de la Iglesia con su prédica y su práctica del Evangelio. No se conoce el contenido de esta primera regla. Fue por esta época (seis años después de su conversión según Celano) cuando fundó, junto a Clara de Asís, la llamada segunda orden.

Rivotorto

Camino de vuelta a Asís, él y sus acompañantes se ubicaron en un lugar llamado Rivotorto, donde consolidaron sus principios de vivir en la pobreza, conviviendo entre los campesinos locales y atendiendo a leprosos; desde entonces se hacían llamar a sí mismos Hermanos Menores o Frailes Menores (el nombre fundacional de la congregación es Ordo Fratrum Minorum, abreviado O.F.M.).

. . .

Después de la estadía en Rivotorto, buscó una sede para su orden; para ello pidió la ayuda del obispo Guido, pero no consiguió respuesta favorable. Fue un abad benedictino del Monte Subasio quien le ofreció la capilla de la Porciúncula y un terreno adyacente (propiamente la partecita, la porcioncita). Francisco aceptó, pero no como un regalo, sino que pagaba como renta canastas con peces.

Dentro del ánimo de la época de los viajes hacia el Este, hizo un intento de ir a Siria para la expansión del Evangelio en la tierra de los llamados «infieles». Esto sucedió probablemente a finales del año 1212 y nuevamente dos años más tarde. Ambas empresas se frustraron.

Antes de 1215 el número de frailes se había incrementado, no solo en Italia sino en el sur de Francia y en los reinos de España. Viajaban los franciscanos de dos en dos y conviven con la gente común; además, establecen ermitas en las afueras de las ciudades.

Concilio de Letrán

.   .   .

Durante el Concilio de Letrán de 1215, la organización adquirió un fuerte estatus legal; en ese año se decretó que toda nueva orden debía adoptar la Regla de San Benito o la de San Agustín. Para los Frailes Menores no hubo necesidad de esto, por haber sido aceptados seis años antes (aunque de palabra y no oficialmente). En este concilio el papa Inocencio III tomó la letra Tau como símbolo de conversión y señal de la cruz; de ahí en adelante el poverello fue devoto de este símbolo.

En esa época, el cardenal Hugolino les ofreció a él y a Domingo de Guzmán la posibilidad de formar cardenales de las filas de sus órdenes.

Francisco, según las crónicas de Tomás de Celano, acorde con sus principios respondió: «Eminencia: mis hermanos son llamados frailes menores, y ellos no intentan convertirse en mayores. Su vocación les enseña a permanecer siempre en condición humilde. Mantenedlos así, aún en contra de su voluntad, si Vuestra Eminencia los considera útiles para la Iglesia. Y nunca, os lo ruego, les permitáis convertirse en prelados».

Indulgencia en la Porciúncula

.   .   .

Bajo el pontificado de Honorio III en 1216, se promovió la indulgencia plenaria a favor de todo aquel que visitara la iglesia de Santa María de los Ángeles de Porciúncula.

Obtuvo Francisco esa gracia del papa para que la peregrinación se realizará una vez al año, pero bajo fuerte oposición, puesto que pocos lugares podían disfrutar de tan alto privilegio.

Desde el año 1217 organizó capítulos en el que los Frailes Menores se reunían para intercambiar experiencias; para la organización apropiada de los territorios en que los frailes se habían dispersado, organizó también provincias de evangelización.

Viaje a oriente

Hacia el capítulo de 1219, la orden tuvo sus primeras disensiones respecto de las normas de pobreza dictadas por Francisco. Algunos persuadieron al cardenal Hugolino para que hablara con él, a fin de que la orden fuera dirigida por hermanos «más sabios» y de acuerdo con reglas como la de San Benito, a lo que el poverello se opuso recalcando la forma de vida de humildad y simplicidad. La innovación que brotó de este encuentro fue la organización de misiones a las llamadas «tierras paganas».

En 1219 se embarcó hacia el oriente, pasando por Chipre, San Juan de Acre y Damieta en el delta del Nilo, donde los cruzados estaban bajo la orden del duque Leopoldo VI de Austria. Allí, Francisco los previno de que había sido alertado por Dios de que no realizarán ningún ataque; ante sus palabras, los soldados se burlaron de él. El resultado de la siguiente batalla fue un desastre para los cruzados. Continuó su estadía y el aprecio hacia su persona crecía, incluso algunos caballeros abandonaron las armas para convertirse en frailes menores.

Tomó como misión la conversión de los musulmanes. Para ello se acompañó del hermano Illuminato para adentrarse en esas tierras; al encontrarse con los primeros soldados sarracenos fue golpeado, pero inmediatamente pidió ser llevado ante el sultán de Egipto al-Malik al-Kamil.

Según las crónicas de Buenaventura, el poverello, en su afán de convertirlo al cristianismo, invitó a los ministros religiosos musulmanes a entrar con él en una gran fogata (equivalente a una ordalía o prueba del fuego), para así demostrar qué religión era la verdadera; los mulás rehuyeron la propuesta. Francisco ofreció entrar solo y retó al Sultán a que, si salía ileso, se convertiría al cristianismo e incitaría a su pueblo a hacerlo; el príncipe rechazó también esa posibilidad. Al final, sus pretensiones se frustraron. En reconocimiento, el sultán de Egipto entregó a Francisco un cuerno de marfil finamente tallado que habría oficiado de pasaporte en tierras musulmanas y que se conserva en la Basílica de Asís. Tiempo después, Francisco obtuvo del sultán al-Mu'azzam de Damasco, hermano de al-Malik, permiso solo para visitar Siria y Tierra Santa.

La orden, durante su ausencia, sufrió una crisis: hubo disensiones, falta de organización y desacuerdos con la ruda vida diaria. El rumor sobre la muerte de Francisco en el Oriente dio pie a implantar reformas, entre ellas ciertas medidas disciplinarias, ayunos e incluso la institución de una casa de estudio en Bolonia; muchos consideraron estos cambios contrarios a la idea original del fundador. Enterado de estos sucesos, Francisco fue ante el papa Honorio III y le rogó que designara al cardenal Hugolino para reorganizar la orden.

Las nuevas disposiciones tuvieron un nuevo Ministro General, Elías Bombarone, y una nueva regla, la de 1221 (Regla no bulada) que entre otros temas trató el año de noviciado, la prohibición del vagabundeo y de la desobediencia ante órdenes contrarias a los principios franciscanos.

La tercera orden

Ante el incremento de las vocaciones y el peligro de inclusión de gente de dudosa vocación espiritual, nació la llamada Venerable Orden Tercera, para permitir a hombres y mujeres laicos vivir el Evangelio tras las huellas de Francisco. Obtuvo su estatus legal en 1221 también con la ayuda del cardenal Hugolino. Es en posteriores escritos como se rescata su contenido, porque el original se perdió. Consistía de trece capítulos en los que se reglamentaba la santificación personal de los terciarios, su vida social y la organización de la nueva fraternidad.

Bajo influencia nuevamente de este cardenal, la orden reabrió el convento de Bolonia para el estudio, a pesar de la convicción de Francisco de la primacía de la oración y la prédica de los Evangelios por sobre la educación formal.

Bajo la insistencia de ministros de la orden, fue obligado a redactar una nueva regla, ya que ciertos opositores a la entonces vigente consideraban que le faltaba consistencia y definición, y que eso le impedía obtener una definitiva aprobación por parte de la Santa Sede.

Nuevamente aceptó las exigencias. Para ello se retiró dos veces a la ermita de Fonte Colombo cerca de Rieti, para redactar una definitiva regla bajo ayuno y oración. El 29 de noviembre de 1223, con otra participación del cardenal Hugolino, la regla tuvo su forma definitiva y fue aprobada por el papa Honorio III.

El Príncipe Negro

Fue el primer duque de Cornualles (desde 1337), príncipe de Gales (desde 1343) y príncipe de Aquitania (entre 1362 y 1372) siendo el presunto heredero de la Corona desde su nacimiento.

Llamado por sus contemporáneos simplemente como Eduardo de Woodstock, debido al lugar de nacimiento, no fue llamado el Príncipe Negro hasta el siglo xvi, haciendo referencia a la supuesta armadura que portaba.

. . .

Era un líder militar excepcional, y sus victorias sobre los franceses en las batallas de Crécy y Poitiers lo hicieron muy popular en vida. En 1348 se convirtió en el primer caballero de la Orden de la Jarretera, siendo uno de sus fundadores.

El príncipe Eduardo murió un año antes que su padre, convirtiéndose en el primer príncipe de Gales que no llegó a ser rey de Inglaterra. A la muerte de su padre, Eduardo III, el trono pasó a su hijo Ricardo, en ese entonces aún menor de edad.

Richard Barber considera que Eduardo "ha atraído relativamente poca atención de los historiadores serios, pero figura ampliamente en la historia popular."

Eduardo nació el 15 de junio de 1330 en el palacio de Woodstock, en Oxfordshire siendo el primogénito del rey Eduardo III de Inglaterra y su esposa Felipa de Henao. Fue nombrado conde de Chester el 18 de mayo de 1333, duque de Cornualles el 17 de marzo de 1337 (siendo el primero que llevó dicho título) y finalmente investido como príncipe de Gales el 12 de mayo de 1343 cuando tenía 12 años de edad. En Inglaterra, Eduardo sirvió como regente simbólico durante ciertos períodos de los años 1339, 1340 y 1342, mientras que

su padre Eduardo III se encontraba en campañas militares. Durante este tiempo asistió a todas las reuniones
del consejo y realizó las negociaciones con el papado
respecto a la guerra en 1337. Además desempeñó el
cargo de Gran sheriff de Cornualles en 1340-1341,
1343, 1358 y 1360-1374.

Eduardo se había criado con su prima Juana, "la bella
doncella de Kent".

Eduardo obtuvo permiso para el matrimonio del papa
Inocencio VI y se dispensó por casarse con una
pariente de sangre, como había ocurrido con sus
padres, Eduardo III y Felipa de Henao, que eran
primos segundos. Se casó con Juana el 10 de octubre de
1361 en el castillo de Windsor. El matrimonio causó
algo de controversia, principalmente debido a la enre-
vesada historia marital de Juana[a] y al hecho de que el
matrimonio con una inglesa desperdiciaba una oportunidad de formar una alianza con una potencia
extranjera.

Cuando estaba en Inglaterra, Eduardo residía
normalmente en el castillo de Wallingford en Berkshire
(desde 1974 en Oxfordshire) o en el castillo de Berk-
hamsted en Hertfordshire.

. . .

Nombrado por su padre príncipe de Aquitania, como representante del rey inglés en ese territorio, donde Eduardo junto a Juana mantuvieron una corte. Además fue el lugar de asilo de reyes exiliados como Jaime IV de Mallorca y Pedro I de Castilla.

Este último, derrocado por su medio hermano, Enrique de Trastámara, ofreció a Eduardo el señorío de Vizcaya en 1367 a cambio de su ayuda para recuperar su trono. Eduardo salió victorioso en la batalla de Nájera (3 de abril de 1367), en la que derrotó a los ejércitos combinados de Francia y Castilla, mandados por Bertrand du Guesclin.

Sin embargo Pedro no pagó por completo y se negó a ceder Vizcaya, alegando la falta de consentimiento de sus estados. Eduardo se retiró a Guyena en julio del mismo año.

Regresó a Inglaterra en enero de 1371 y murió el 8 de junio de 1376 (una semana antes de su 46° cumpleaños) después de padecer durante años lo que probablemente fue una disentería amebiana, contraída diez años antes durante su campaña militar en Castilla.

. . .

Eduardo vivió en un siglo de decadencia para el ideal de la caballería. Por un lado, después de capturar a Juan el Bueno, rey de Francia, y Felipe el Atrevido, su hijo menor, en la batalla de Poitiers, los trató con gran respeto, dando incluso en un momento dado permiso a Juan para regresar a su hogar, y se narra que rezó con Juan en la catedral de Canterbury. Destacadamente, permitió que durante un día se preparará la batalla de Poitiers, de manera que ambos bandos pudieran discutir la batalla entre sí, de manera que el cardenal de Périgord pudiera apelar a ambos para mantener la paz. Sin embargo, algunos señalan que "él podía haber estado ganando tiempo para terminar de colocar a sus arqueros".

Por otro lado, sus tendencias caballerescas eran superadas en ocasiones por su eficacia y rapidez.

El repetido uso por parte de Eduardo de Woodstock de la estrategia de cabalgadas, quemando y saqueando las ciudades y las granjas, no coincidía con las nociones contemporáneas de caballería, pero era bastante efectiva para conseguir el objetivo de sus campañas y debilitando la unidad y economía de Francia.

. . .

Fue un brillante caudillo militar. Intervino en la campaña de Flandes de 1345 en el frente septentrional, que tuvo escasa relevancia y acabó después de tres semanas cuando uno de los aliados de Eduardo, Jacob van Artevelde, anterior cervecero y gobernador interino de Flandes, fue asesinado por sus propios ciudadanos.

Mostró su bravura a los 16 años en la Batalla de Crécy, en el frente septentrional, que dañó al ejército francés durante diez años, permitiendo el asedio de Calais con poca resistencia convencional antes de que estallara la plaga. Incluso cuando el ejército de Francia se recuperó, las fuerzas que desplegaron eran alrededor de la cuarta parte de la que tuvieron en Crécy (como se vio en Poitiers). Normandía pasó a estar virtualmente bajo control inglés, pero se decidió centrar los esfuerzos en el norte de Francia, dejando en lugar de ello Normandía bajo control de aliados vasallos de Inglaterra.

Además participó de forma arriesgada y decidida contra los franceses durante la Guerra de los Cien Años.

Intervino en el sitio de Calais, durante el cual los habitantes sufrieron enormemente y se vieron reducidos a comer perros y ratas. El asedio dio lugar al control personal y vasallático de los ingleses sobre el norte de Francia antes de la paz temporal debida a la peste negra. Hubo una contraofensiva francesa, pero Calais permaneció en manos inglesas.

También estuvo en "Les Espagnols sur Mer" o la batalla de Winchelsea en aguas del canal de La Mancha, en la que la flota inglesa derrotó a la castellana.

Realizó una gran cabalgada en el año 1355 por toda la región de Aquitania-Languedoc, que dañó el sur de Francia económicamente, y provocó el resentimiento hacia el trono francés entre los campesinos franceses. Esta cabalgada también preparó la zona para la conquista, abrió alianzas con los vecinos de Aquitania, siendo la más destacada la de Carlos II de Navarra, e hizo que muchas regiones se orientaran hacia la autonomía respecto a Francia, pues no era un reino tan unido como Inglaterra. Después de este pacto con el rey Carlos II de Navarra, combatió contra los ejércitos de Juan II de Francia.

Las campañas por Aquitania le dieron un control más firme sobre la región, mucha tierra de la que obtener recursos y personas con las que poder luchar por el rey Eduardo.

. . .

En el año 1356, participando en las operaciones de la guerra contra Francia, Eduardo mandó un ejército de más de siete mil soldados. Dirigió a sus fuerzas en la lucha y logró una grandiosa victoria sobre la caballería pesada francesa en la batalla de Poitiers. En esa decisiva acción apresó al rey Juan II de Francia, al que llevó como rehén a Inglaterra. Esta campaña de Poitiers en la región del Loira-Aquitania privó a los franceses de jefes militares y supuso un desafío para Carlos el Sabio; más aristócratas murieron en Crécy y Poitiers que por la Peste Negra. El ejército francés quedó debilitado durante los trece años siguientes y el descalabro fomentó la anarquía y el caos que llevó en último término a la firma del Tratado de Brétigny en 1360.

Intervino en la campaña de Reims, después de la cual se alcanzó finalmente el acuerdo con el tratado de Brétigny.

Por medio de este acuerdo diplomático, el rey de Francia recupera su libertad cediendo valiosos territorios a los británicos quienes no obstante reciben alrededor de un tercio de Francia más que un poco menos de la mitad que es lo que habrían recibido por el tratado de Londres. Esto se debe al fracaso a la hora de tomar Reims, lo que llevó a la necesidad de un salvo-conducto para salir de Francia. Como resultado de ello, se llevó a un acuerdo menor y Eduardo III se vio obligado a dejar a un lado sus pretensiones al trono francés. Francia aún se vio obligada a pagar un enorme rescate de alrededor de cuatro veces el producto interior bruto de Francia por Juan II de Francia.

El rescate que se pagó, no obstante, fue un poco inferior al exigido por los ingleses, y Juan el Bueno fue solamente devuelto a los franceses para regresar a su cautiverio al haberse fugado su hijo Luis. Así, esta campaña dio lugar a resultados ambivalentes, pero en su mayor parte fue positiva para Eduardo. Uno ha de recordar que Eduardo III nunca renunció explícitamente a su pretensión al trono, y que alrededor de la mitad de Francia estaba controlada por los ingleses, de todas formas, a través de sus muchos vasallos. En aquella ocasión su padre el rey Eduardo III lo nombró duque y lugarteniente de Guyena y Aquitania.

Posteriormente trasladó su residencia a Castilla, se vinculó políticamente con el rey Pedro I y juntos luchan contra Enrique de Trastámara, aliado de Carlos V de Francia. En dicha guerra sus fuerzas vencen en la batalla de Nájera en 1367. Salvó temporalmente a Pedro el Cruel de un golpe, confirmando así la dedicación castellana a la causa del Príncipe. Luego Pedro I entró en constantes desavenencias y toda una serie de acciones en contra del Príncipe Negro, a causa de no pagarle lo acordado por prestarle ayuda armada, por lo que éste decide abandonar Castilla, dejando solo a Pedro I en la lucha.

Como resultado del asesinato de Pedro, el dinero que el príncipe invirtió en el esfuerzo de guerra no le rindió beneficio y Eduardo quedó en la práctica en bancarrota.

Esto obligó a gravar Aquitania con fuertes impuestos para aliviar los problemas financieros de Eduardo, lo que llevó a un círculo vicioso de resentimiento en Aquitania y la represión de este resentimiento por Eduardo. Carlos el Sabio, rey de Francia, supo aprovecharse de este resentimiento contra Eduardo en Aquitania. Sin embargo, el príncipe se convirtió temporalmente en Señor de Vizcaya.

El sitio de Limoges se dio en 1370 en la región aquitana, después del cual Eduardo de Woodstock se vio obligado a dejar su puesto debido a su enfermedad y problemas financieros, pero también debido a la crueldad del asedio, que vio la masacre de alrededor de tres mil residentes de acuerdo con el cronista Froissart. Sin el príncipe, el esfuerzo de guerra inglés contra

Carlos el Sabio y Bertrand Du Guesclin estaba destinado al fracaso. El hermano del príncipe, Juan de Gante no estaba interesado en la guerra con Francia, sino más bien en la guerra de sucesión en Castilla. Nuevos datos ponen en evidencia que el relato de las atrocidades inglesas fue exagerado por Froissart. Pero esta pretensión no encaja con el servicio de Froissart a Felipa de Henao, reina consorte de Eduardo III.

El rey Eduardo III y el príncipe navegaron rumbo a Francia desde Sandwich con cuatrocientos barcos que llevaban cuatro mil hombres de armas y diez mil arqueros, pero después de seis semanas de mal tiempo, perdieron el rumbo y volvieron a Inglaterra.

Conclusión

Al cerrar las páginas de este libro que nos ha llevado de la mano a través de los vericuetos de la Edad Media, nos vemos inmersos en un torbellino de emociones y reflexiones.

Hemos sido testigos de un período histórico complejo, lleno de contrastes y contradicciones, pero también de valentía, innovación y resiliencia.

La Edad Media, lejos de ser una época oscura y estancada, se presenta como un crisol de civilizaciones, ideas y experiencias humanas que han influido en gran medida en la formación de nuestra identidad cultural y social. Descubrimos que detrás de sus murallas y castillos, yace un mundo diverso y dinámico, con profundas conexiones entre pueblos distantes, una riqueza artística y una búsqueda constante de conocimiento.

A lo largo de estas páginas, hemos caminado con reyes y campesinos, hemos admirado la majestuosidad de las catedrales góticas y hemos compartido la sabiduría de los sabios monjes medievales. Nos hemos conmovido con las luchas por el poder, las cruzadas religiosas y las tragedias humanas que marcaron el devenir de la historia.

Sin embargo, también hemos presenciado los cimientos de la modernidad: el florecimiento del comercio, la codificación de leyes, la aparición de las universidades y la preservación del saber antiguo. La semilla del Renacimiento ya germinaba en la tierra fértil de la Edad Media, preparándose para florecer en la luminosa era que le seguiría.

Más allá de los hechos y las fechas, lo que nos ha legado la Edad Media es una lección atemporal sobre la naturaleza humana y nuestra capacidad de adaptación y cambio. Nos enseña que la historia es un viaje constante de transformación y que cada época, por más lejana que parezca, sigue resonando en nuestro presente.

Así, con un corazón lleno de gratitud hacia el pasado y la mirada puesta en el futuro, concluimos este recorrido histórico por la Edad Media. Su legado, con todas sus luces y sombras, se funde con nuestra propia historia y moldea nuestra identidad como seres humanos. Que este viaje nos inspire a comprender mejor nuestro propio tiempo y a forjar un futuro más prometedor, aprendiendo de las enseñanzas que nos dejaron aquellos que vivieron en tiempos medievales.

Despedimos este libro con la certeza de que la Edad Media seguirá resonando en los anales de la historia y en nuestras propias vidas, recordándonos que somos parte de un continuo devenir, donde las experiencias del pasado nos guían hacia un mañana lleno de esperanza y posibilidades.